JN001082

書き込み式

ネイティブが頻繁に使う120の句動詞

で英語を使いこなす!

長尾和夫+
トーマス・マーティン

SANSHUSHA

はじめに

昨今、労働や学習のリモート化の進展を受けて、スキマ時間に楽しく、てっとり早く、読むだけ、見るだけで、楽をして学習したいという従来型の学び方を多くのみなさんが見直しつつあります。実際、在宅勤務や在宅での学習によって、移動時間が減った代わりに多くの人に自由に使える時間が増え、ある程度きちんとした学習を行いたいと考える人が増えてきたようです。本書もそのような要望に応えようと考え、イメージだけでなく、しっかりと学習できる書籍を目指して企画の検討を進めました。

本書で紹介していく**「動詞＋副詞」あるいは「動詞＋前置詞」の形の「句動詞」= Phrasal Verbはlook upやpick upといった平易な単語を組み合わせたフレーズ**なので、だれもが「私にもかんたんに身につけられる！」と考えがちです。ですから、これまで市場に出てきた多くの句動詞関連書籍も、やさしいイメージだけを強く前面に打ち出して紹介するものばかりでした。「ほら、こんなにかんたんな単語の組み合わせだから、絵を見てイメージをつかめばラクラク覚えられますよ！」と言わんばかりの構成の書籍が、いまでも多くの割合を占めていると思います。

もちろん、それだけで身につけば苦労はありません。しかし、**実は句動詞はシンプルでありながら多様な意味をもっているので、なかなか身につけることが難しい**ものなのです。さらに句動詞は、**ネイティブの会話のありとあらゆる場面で登場**します。**句動詞を知らずして、ほんとうのネイティブ英語を理解することなどできないし、句動詞を身につけなければ、ほんとうのネイティブらしい英会話もできない**のです。

例えば、look upという句動詞はとてもシンプルな語句の組み合わせですが、これにはいくつもの意味があります。本書ではこのフレーズの代表的な意味として「辞書などで調べる」、「長く会っていない人を探して訪問する」、「健康面・金銭面などの状況が向上する；上向く」の3つを紹介しています。**ネイティブはこのようにシンプルな単語の組み合わせである句動詞をほんとうに頻繁に使って会話**

をしているのです。しかもひとつの句動詞には複数の意味があるのですから、日本人にはなかなか身につけることが難しいと言えるでしょう。

繰り返しになりますが、**句動詞はシーンを選ばず、日常からビジネス・ニュースまで幅広い場面、さらに言えばすべてのスキル（読む・書く・聞く・話す）で使われていて、「ネイティブらしい英語」に近づく最初の一歩となる重要なツール**とも言えるものなのです。あらゆるシーンとスキルで使われる**句動詞を使いこなすことができれば、自然なネイティブらしい英語が話せて、読めて、書けて、聞き取れるようになる**のです！

しかし、**逆に考えれば、句動詞をマスターしなければ、英会話の中級者は「やや不自然な英語」からなかなか脱出できない**とも言えます。ネイティブとの会話で**やさしい単語しか使われていないのに意味が理解できないと伸び悩んでいるみなさんには、ぜひ本書で句動詞について学び、理解を深め、さらに問題をたくさん解くことで、句動詞をマスターしていただきたい**と考えています。

では、形はシンプルですが、英語学習者にとってなかなかの難敵である「句動詞」の世界に、いっしょに歩を進めていきましょう！本書が、読者のみなさんの英語力のさらなる向上の、またみなさんの英語がさらにネイティブに伝わりやすいものに変わる一助となったとしたら、著者としてこれ以上の幸いはありません。

最後になりますが、本書の編集を担当してくださった本多真佑子氏、また本書の制作を見守ってくださった三修社の竹内正明氏をはじめとする三修社のスタッフのみなさんにこの場を借りてお礼を申し上げておきたいと思います。

2021年2月17日

A+Café 代表　長尾和夫

Contents

本書の特長

特長1　書き込み式だから、しっかり定着！

本書は、**類書にはないインプット→アウトプットができる構成**になっています。どのようなインプットとアウトプットができるのか詳しく見てみましょう。

インプット

最初にかんたんな各句動詞の意味や使い方に関する説明があります。たいていの場合、ひとつの句動詞に複数の意味があります。コアイメージが理解できれば、複数の意味の理解も定着しやすく、それぞれの意味のニュアンスもつかみやすくなります。どの解説も短く、読みやすいのでアウトプット前のウォーミングアップとして最適です。

アウトプット

インプットでウォーミングアップをしたら、3つのアウトプット・エクササイズで各句動詞を完全マスターしましょう。3つのアウトプット・エクササイズは以下のとおりです。

- **1. シャドーイング・エクササイズ**
  ダウンロード音声を使い、句動詞を使った表現を**口慣らししましょう**。どのような文脈で使うのかを知ることで、**使い方の大まかなイメージをつかむことができる仕組み**になっています。
- **2. 英作文・エクササイズ**
  空所補充問題の「英作文・エクササイズ」です。日本語訳に対応した適切な英文になるように、各Unitで扱う句動詞や他の語を埋めて文章を完成させます。
- **3. 書き換え・エクササイズ**
  考えながら書き込み学習を行い、**意味や使い方をしっかりとみなさんの記憶に定着させていきます**。

特長 2 日常からニュース・ビジネスまで使える TOP120の句動詞を厳選

日常会話からニュース、ビジネスまで句動詞はシーンを選ばず使えるものが多いのですが、なかでも**ネイティブが厳選した、日本人にぜひ優先的に覚えて身につけてほしい句動詞120フレーズを本書では紹介**しています。

本書は120の句動詞を次のように、3章に分けて掲載しています。

▶ 1. ネイティブがもっとも覚えてほしいPhrasal Verbs 40

▶ 2. ネイティブがお勧めするPhrasal Verbs 40

▶ 3. ネイティブが使ってみてほしいPhrasal Verbs 40

扱っている句動詞はどれも、ぜひ覚えて使いこなしてほしいものばかりですが、もっとも覚えて使ってほしいものから順に各章に収載してあります。

ネイティブのお勧め順に学習できるので、効率的に学習できること間違いなしです。

特長 3 かんたんな穴埋め作文や書き換え問題など多様なドリルで、楽しく頭の体操ができる

同じようなドリル（問題）を繰り返す反復練習も効果はありますが、本書では、特長1で触れたように3つのエクササイズがあり、**さまざまなタイプの問題を解くことができます。そのため、「いろいろな頭の使い方」ができる構成になっています**。

ドリルに含まれている例文も、**日常の英会話やビジネスの英会話でいますぐ使ってみたくなるような例文ばかりを取り上げて扱っています**から、句動詞の必要性も強く実感していただくことができるでしょう。

このように、本書は句動詞をより実践的に身につけ、効率よく定着できるように工夫しています。この1冊を終えたときには、代表的な句動詞をマスターしてネイティブの自然な英語を理解でき、自分でも使えるようになっていることでしょう。

本書の使い方

A このユニットで紹介する句動詞と定義

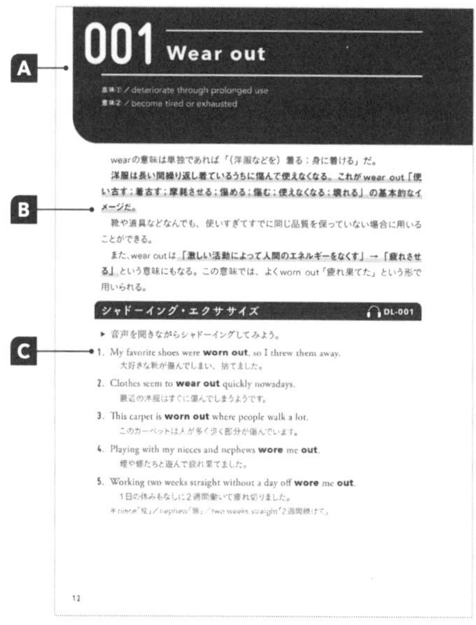
A
B
C

001 Wear out

意味① ／ deteriorate through prolonged use
意味② ／ become tired or exhausted

wearの意味は単独であれば「（洋服などを）着る；身に着ける」だ。

洋服は長い間繰り返し着ているうちに傷んで使えなくなる。これがwear out「使い古す；着古す；摩耗させる；傷める；傷む；使えなくなる；壊れる」の基本的なイメージだ。

靴や道具などなんでも、使いすぎてすでに同じ品質を保っていない場合に用いることができる。

また、wear outは**「激しい活動によって人間のエネルギーをなくす」→「疲れさせる」**という意味にもなる。この意味では、よくworn out「疲れ果てた」という形で用いられる。

シャドーイング・エクササイズ　DL-001

▶ 音声を聞きながらシャドーイングしてみよう。

1. My favorite shoes were **worn out**, so I threw them away.
   大好きな靴が傷んでしまい、捨てました。
2. Clothes seem to **wear out** quickly nowadays.
   最近の洋服はすぐに傷んでしまうようです。
3. This carpet is **worn out** where people walk a lot.
   このカーペットは人が多く歩く部分が傷んでいます。
4. Playing with my nieces and nephews **wore** me **out**.
   姪や甥たちと遊んで疲れ果てました。
5. Working two weeks straight without a day off **wore** me **out**.
   1日の休みもなしに2週間働いて疲れ切りました。

＊niece「姪」／nephew「甥」／two weeks straight「2週間続けて」

12

当該ユニットで紹介する句動詞とその意味（definition）を英語で簡潔にまとめてあります。多くのユニットで、その句動詞のふたつから3つの複数の意味を紹介しています。

B 句動詞の解説

ここでは、ユニットで紹介している句動詞の意味や用法を、わかりやすくまとめています。マーカーを引いてある部分は、もっとも重要な説明が掲載されているところですので、何度も読み返して、しっかりと理解してください。

C シャドーイング・エクササイズ（音声ダウンロード付）

解説で句動詞の意味が理解できたら、シャドーイング・エクササイズに進みます。各ユニットに5つの例文を載せていますので、それぞれのセンテンスの中で、句動詞がどの意味で用いられているのかを把握しながら、センテンスの意味を確認しましょう。日本語訳や語句の解説を助けとして利用してください。

意味の把握ができたら、次にダウンロード音声を聞いてみましょう（このとき、各ユニットと同じ番号のダウンロード音声を利用してください）。さらに、音声を聞きながら自分でも同じ英語を口に出すシャドーイングの練習をしましょう。ダウンロード音声より少しだけ遅れて、自分でも同じ音を声に出すトレーニングを行うのがシャドーイングです。耳と口と脳をフルに活用するシャドーイング練習を繰り返し行うことで、みなさんのカラダと脳に句動詞が染みこんでいき、みなさんの血となり肉となるはずです。

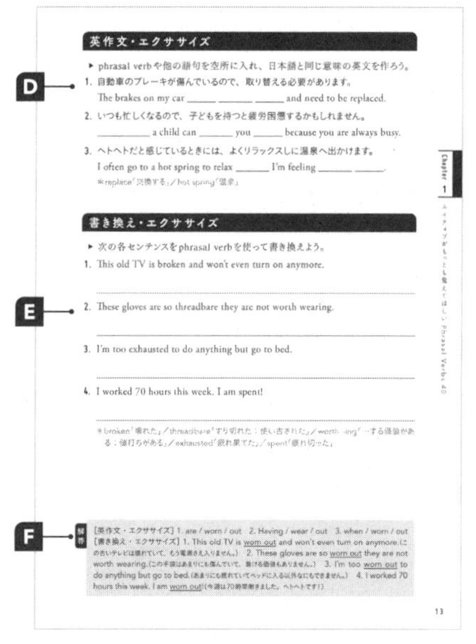

英作文・エクササイズ

▸ phrasal verbや他の語句を空所に入れ、日本語と同じ意味の英文を作ろう。

1. 自動車のブレーキが傷んでいるので、取り替える必要があります。
The brakes on my car ______ ______ ______ and need to be replaced.
2. いつも忙しくなるので、子どもを持つと疲労困憊するかもしれません。
______ a child can ______ you ______ because you are always busy.
3. ヘトヘトだと感じているときには、よくリラックスしに温泉へ出かけます。
I often go to a hot spring to relax ______ I'm feeling ______ ______.

※replace「交換する」／hot spring「温泉」

書き換え・エクササイズ

▸ 次の各センテンスをphrasal verbを使って書き換えよう。

1. This old TV is broken and won't even turn on anymore.
2. These gloves are so threadbare they are not worth wearing.
3. I'm too exhausted to do anything but go to bed.
4. I worked 70 hours this week. I am spent!

※broken「壊れた」／threadbare「すり切れた；使い古された」／worth -ing「…する価値がある；値打ちがある」／exhausted「疲れ果てた」／spent「疲れ切った」

解答 ［英作文・エクササイズ］1. are / worn / out　2. Having / wear / out　3. when / worn / out
［書き換え・エクササイズ］1. This old TV is worn out and won't even turn on anymore.（この古いテレビは壊れていて、もう電源さえ入りません。）　2. These gloves are so worn out they are not worth wearing.（この手袋はあまりにも傷んでいて、着ける価値もありません。）　3. I'm too worn out to do anything but go to bed.（あまりにも疲れていてベッドに入る以外なにもできません。）　4. I worked 70 hours this week. I am worn out!（今週は70時間働きました。ヘトヘトです！）

Chapter 1　ネイティブがもっとも覚えてほしいPhrasal Verbs 40

13

D　英作文・エクササイズ

この2番目のエクササイズでは、句動詞を含んだセンテンスの空欄（アンダーライン部分）を埋めるトレーニングを行います。今度は耳と口ではなく、目と手と脳を使ったトレーニングとなります。

句動詞部分やその他の場所が空欄になっていますから、日本語をしっかりと読んで、対応する英語を書き込んでください。特に句動詞に関しては、過去形なのか、現在形なのか、あるいは完了形なのかといった時制や、不定詞なのか動名詞なのかなど細かな文法にも注意を払って穴埋め問題を解きましょう。

E　書き換え・エクサササイズ

最後のエクササイズは書き換え練習です。ここでは句動詞を使わないセンテンスを英語で読み、そのセンテンスを句動詞を使って書き換える練習を行います。ここまでのふたつのエクササイズで身につけた句動詞の知識を駆使して、英作文を行ってみましょう。

元のセンテンスの意味がわからない場合には語注の助けを借りても辞書を利用してもいいでしょう。しっかり理解した上で、句動詞入りのセンテンスを作成してみてください。

F　解答

ここに「英作文・エクササイズ」と「書き換え・エクササイズ」の正解を掲載してあります。問題を解き終わったあとの答え合わせに利用してください。「書き換え・エクササイズ」に関しては英文の日本語訳も併せて掲載してありますから、英文理解の補助として利用してください。

Chapter

ネイティブがもっとも覚えてほしいPhrasal Verbs 40

—

Most Important Phrasal Verbs 40

001 Wear out

意味①／deteriorate through prolonged use
意味②／become tired or exhausted

wearの意味は単独であれば「（洋服などを）着る；身に着ける」だ。

洋服は長い間繰り返し着ているうちに傷んで使えなくなる。これがwear out「使い古す；着古す；摩耗させる；傷める；傷む；使えなくなる；壊れる」の基本的なイメージだ。

靴や道具などなんでも、使いすぎてすでに同じ品質を保っていない場合に用いることができる。

また、wear outは**「激しい活動によって人間のエネルギーをなくす」→「疲れさせる」**という意味にもなる。この意味では、よくworn out「疲れ果てた」という形で用いられる。

シャドーイング・エクササイズ

▶ 音声を聞きながらシャドーイングしてみよう。

1. My favorite shoes were **worn out**, so I threw them away.
   大好きな靴が傷んでしまい、捨てました。
2. Clothes seem to **wear out** quickly nowadays.
   最近の洋服はすぐに傷んでしまうようです。
3. This carpet is **worn out** where people walk a lot.
   このカーペットは人が多く歩く部分が傷んでいます。
4. Playing with my nieces and nephews **wore** me **out**.
   姪や甥たちと遊んで疲れ果てました。
5. Working two weeks straight without a day off **wore** me **out**.
   1日の休みもなしに2週間働いて疲れ切りました。

＊niece「姪」／nephew「甥」／two weeks straight「2週間続けて」

英作文・エクササイズ

▶ phrasal verbや他の語句を空所に入れ、日本語と同じ意味の英文を作ろう。

1. 自動車のブレーキが傷んでいるので、取り替える必要があります。
The brakes on my car ______ ______ ______ and need to be replaced.

2. いつも忙しくなるので、子どもを持つと疲労困憊するかもしれません。
__________ a child can ______ you ______ because you are always busy.

3. ヘトヘトだと感じているときには、よくリラックスしに温泉へ出かけます。
I often go to a hot spring to relax ______ I'm feeling ______ ______.

＊replace「交換する」／hot spring「温泉」

書き換え・エクササイズ

▶ 次の各センテンスをphrasal verbを使って書き換えよう。

1. This old TV is broken and won't even turn on anymore.

____

2. These gloves are so threadbare they are not worth wearing.

____

3. I'm too exhausted to do anything but go to bed.

____

4. I worked 70 hours this week. I am spent!

____

＊broken「壊れた」／threadbare「すり切れた；使い古された」／worth -ing「…する価値がある；値打ちがある」／exhausted「疲れ果てた」／spent「疲れ切った」

[英作文・エクササイズ] 1. are / worn / out　2. Having / wear / out　3. when / worn / out
[書き換え・エクササイズ] 1. This old TV is worn out and won't even turn on anymore.（この古いテレビは壊れていて、もう電源さえ入りません。）　2. These gloves are so worn out they are not worth wearing.（この手袋はあまりにも傷んでいて、着ける価値もありません。）　3. I'm too worn out to do anything but go to bed.（あまりにも疲れていてベッドに入る以外なにもできません。）　4. I worked 70 hours this week. I am worn out!（今週は70時間働きました。ヘトヘトです！）

002 Wear off

意味①／decrease or disappear gradually
意味②／a trait or emotion transfers to someone else

wear offのもっとも一般的な用法は、**「（効果や感情、印象、苦痛、物などが）もはや働かない、あるいは徐々に消失する；消える；すり減る；薄れる」という意味での使い方**だ。ビルのペンキ、薬の効果などいろいろなものの効果や効能が失われる場面で用いることが可能だ。

もうひとつ、それほど使用頻度は高くないが**「ある人物の特徴や感情などが別の人物に移る；伝染する」**という意味もある。例えばふたりの人物が多くの時間をともに過ごし、片方の人物の言動がもう一方の人物に似かよってきた場合などに用いられる。

この意味の用法は「wear off on ＋ 人」の形で使われることが多い。

シャドーイング・エクササイズ

DL-002

▶ 音声を聞きながらシャドーイングしてみよう。

1. The effect of this drug will **wear off** in a few hours.
   この薬の効果は数時間でなくなります。
2. The paint on my car is starting to **wear off** from age.
   歳月による劣化で車のペイントが剥がれ始めています。
3. After the tooth was pulled, the pain started to **wear off**.
   歯を抜かれたあと、痛みは徐々に引き始めました。
4. At first I didn't care but his enthusiasm eventually **wore off** on me.
   最初は気にしませんでしたが、結局彼の熱意は私に伝染しました。
5. At first he was shy but then her bubbly attitude **wore off** on him.
   最初、彼は内気でしたが、彼女の陽気な態度が彼に伝染しました。

＊drug「薬」／from age「古くなって；年月の経過によって」／bubbly「陽気な」

英作文・エクササイズ

▶ phrasal verbや他の語句を空所に入れ、日本語と同じ意味の英文を作ろう。

1. 日本に暮らすことの目新しさは徐々に薄れてきて、帰国したいと思っています。
   The novelty of living in Japan has ______ ______ and I want to go home.
2. この麻酔は6時間から8時間で徐々に効果がなくなります。
   This anesthetic will ______ ______ in 6 ____ 8 hours.
3. その大学教授の熱意はしばしば学生に伝染します。
   The college professor's passion often _______ ______ ____ his students.

＊novelty「目新しさ」／anesthetic「麻酔薬」／passion「情熱；熱意」

書き換え・エクササイズ

▶ 次の各センテンスをphrasal verbを使って書き換えよう。

1. It took a long time for the sense of fear to disappear.
   ____
2. The excitement of owning a new house goes away in a few years.
   ____
3. The buttons on my microwave are disappearing from use.
   ____
4. His sense of humor tends to spread to the people around him.
   ____

＊fear「恐怖感；怯えた気持ち」／disappear「消える；消失する」／excitement「興奮」／microwave「電子レンジ」／sense of humor「ユーモアセンス」／spread「広がる；拡散する」

解答

[英作文・エクササイズ] 1. worn / off 2. wear / off / to 3. wears / off / on
[書き換え・エクササイズ] 1. It took a long time for the sense of fear to wear off.（恐怖の感情がなくなるまでに長い時間がかかりました。） 2. The excitement of owning a new house wears off in a few years.（新しい家を所有したよろこびは数年で消えていきます。） 3. The buttons on my microwave are wearing off from use.（使いすぎて電子レンジのボタンが消えてきています。） 4. His sense of humor tends to wear off on the people around him.（彼のユーモアセンスはよく周りの人に伝染します。）

003 Wrap up

意味① ／ cover with paper or wrapping
意味② ／ wear clothes in cold weather
意味③ ／ finish doing something

文字どおりのwrapの意味は「（なにかを）カバーする」で、多くの場合「なにかをダメージから守るためにカバーする」ことを指す。

upが付加された場合には「完全性」や「徹底性」の意味合いが加わる。**wrap upだと「（紙や包装紙などで）なにかを完全にカバーする」→「包む」**ということになる。

wrap upは、同様に人間を包む意味でも使うことが可能で、**冬の寒い時期に「（マフラーや手袋、コート、帽子などで）身を包む」という意味**にもなる。この意味では、相手を案じる命令文の形で使われる場合が多い。この用法は、wrap up inの形で用いられることが多い。

もうひとつ、ややわかりにくいが、**「なにかの活動を終わりにする；片づける」という意味もある。**wrap up dinner「夕食を終える」、wrap up a meeting「会議を終える」などはその例だ。

シャドーイング・エクササイズ　DL-003

▶ 音声を聞きながらシャドーイングしてみよう。

1. I spent all morning **wrapping up** Christmas presents.
   午前中全部をクリスマスプレゼントの包装に使いました。
2. If you **wrap** these herbs **up** in plastic you can freeze them.
   このハーブをビニールで包めば、冷凍できます。
3. Be sure to **wrap up**. It's getting really cold outside!
   ちゃんと暖かくしてね。外はとても寒くなってきてますよ！
4. The coach **wrapped up** practice early because of the weather.
   天候のせいでコーチは練習を早めに切り上げました。
5. We need to **wrap up** this meeting quickly.
   この会議は急いで終える必要があります。

＊herb「ハーブ」／plastic「プラスチック；ビニール」／freeze「冷凍する」

英作文・エクササイズ

▶ phrasal verbや他の語句を空所に入れ、日本語と同じ意味の英文を作ろう。

1. 日本では多くのデパートが買ったものを包装してくれます。
   In Japan many department stores will ______ ____ your purchases for you.
2. 私はマフラーとダウンのコートで身を包みましたが、まだ寒かったのです。
   I _________ _____ ____ a scarf and down coat but was still cold.
3. そのプロゴルファーはシーズンを勝利で締め括りました。
   That pro golfer _________ ____ the season with a _________.

＊purchase「購入品」／scarf「マフラー」

書き換え・エクササイズ

▶ 次の各センテンスをphrasal verbを使って書き換えよう。

1. We swaddled the kitten with a blanket and fed it some milk.

   ____

2. I packed the leftovers and put them in the fridge.

   ____

3. The waiter suggested that we finish the meal with a cappuccino.

   ____

4. The movie star had to end the interview so he could catch a flight.

   ____

＊swaddle「布などで包む」／pack「パックする」／leftovers「残り物」／fridge「冷蔵庫」／suggest「提案する」

解答 ［英作文・エクササイズ］1. wrap / up　2. wrapped / up / in　3. wrapped / up / victory
［書き換え・エクササイズ］1. We wrapped up the kitten with a blanket and fed it some milk.（私たちは子ネコを毛布で包んで、ミルクを飲ませせました。）　2. I wrapped up the leftovers and put them in the fridge.（残り物をラップして冷蔵庫に入れました。）　3. The waiter suggested that we wrap up the meal with a cappuccino.（ウェイターは食事をカプチーノで締め括るよう提案しました。）　4. The movie star had to wrap up the interview so he could catch a flight.（その映画スターはフライトに間に合わせるためにインタビューを打ち切らねばなりませんでした。）

004 Work out

意味① ／ ultimately end well or successfully
意味② ／ exercise
意味③ ／ solve a problem; formulate a detailed plan

work outというフレーズのイメージは「すべてのことが成功裏にまたはうまく終了する」。人間関係から病気まで、すべての終わりのあることに関して使うことができる。**「うまくいく」「よい結果になる」「実現する」などの日本語訳を当てることができる。**

また、work outは**「（健康増進を目的として）エクササイズする」**という意味でもよく使われる。この意味が使われ始めた頃にはバーベルを用いたエクササイズを意味していたが、現在はどのようなトレーニングにも用いられている。

もうひとつ、**「詳細な計画を考え出す；練り上げる；作る」あるいは「複雑な問題を解決する」**という意味にもなる。

シャドーイング・エクササイズ

▶ 音声を聞きながらシャドーイングしてみよう。

1. Don't worry. Things are going to **work out** just fine.
   心配しないでください。うまくいきますよ。
2. I'm just worried about how things will **work out**.
   うまくいくかどうか、ちょっと心配しているんです。
3. I **work out** at a gym twice a week.
   週に２回ジムでエクササイズしています。
4. The doctors **worked out** a treatment plan for the patient.
   医師たちは患者の治療計画を作りました。
5. The negotiators couldn't **work out** a compromise.
   交渉人たちは妥協案を作り出せませんでした。

＊things「事態；物事」／negotiator「交渉人」／compromise「妥協案」

英作文・エクササイズ

▶ phrasal verbや他の語句を空所に入れ、日本語と同じ意味の英文を作ろう。

1. 結局、私たちが望んだようにうまくはいきませんでした。
   In the end, things did not ______ ______ as we ______ hoped.

2. 少し体重を落とせるように、もっと頻繁にエクササイズする必要があります！
   I need to ______ ______ ______ often so I can lose some weight!

3. ローンのことはあとで解決できますよ。いまは新車を楽しんで！
   We ______ ______ ______ the financing later, for now enjoy your new car!
   ＊financing「資金繰り；ローン」

書き換え・エクササイズ

▶ 次の各センテンスをphrasal verbを使って書き換えよう。

1. Our vacation didn't happen as planned, due to the hurricane.

   ____

2. Things are going to end successfully; I am confident of that.

   ____

3. The doctor recommended that I exercise more and quit smoking.

   ____

4. We need to devise a new, more efficient filing system.

   ____

＊hurricane「ハリケーン」／recommended「勧める」／efficient「効率的な」／filing system「文書管理システム」

解答 ［英作文・エクササイズ］1. work / out / had　2. work / out / more　3. can / work / out
［書き換え・エクササイズ］1. Our vacation didn't work out as planned, due to the hurricane.（ハリケーンのせいで、私たちの休暇は実現しませんでした。）　2. Things are going to work out successfully; I am confident of that.（うまくいきますよ。それには自信があります。）　3. The doctor recommended that I work out more and quit smoking.（もっと運動して禁煙するようにと医者に勧められました。）　4. We need to work out a new, more efficient filing system.（もっと効率的な新しい文書保管システムを考え出す必要があります。）

005 Turn in

意味① / submit a document or physical item
意味② / go to bed
意味③ / hand something or someone to the police

turn inはコンテクストによっていくつかの意味に変化するが、ここではもっとも使われるものを3つ紹介する。

まず、**「なにかを完成させたあと提出する」という意味の用法**がもっとも一般的だ。書類や文書の提出に関する話題での使用が多い。

2番目の意味は**「ベッドに入る；寝る」**だ。**この意味は、家族や同じ部屋にいる人にまもなく寝ると告げる場面での使用が多い。**また、よくearlyやlateという語と組み合わせて使われる。

3番目の意味は**「物や人を警察などに引き渡す；届ける；出頭させる」。遺失物に関しても指名手配犯に関しても使うことができる。**

もちろんだが、3番目の用法はニュース番組の中で非常に多く使われている。

シャドーイング・エクササイズ　DL-005

▶ 音声を聞きながらシャドーイングしてみよう。

1. **Turn in** your test forms when you have finished.
   終わったらテスト用紙を提出してください。
2. I **turned** my vacation request **in** to the manager.
   マネージャーに休暇願を提出しました。
3. I'm going to **turn in** early tonight. Good night!
   今夜は早く寝ますね。おやすみ！
4. The couple **turned in** early so they could wake up at sunrise.
   日の出とともに起きられるように、カップルは早めに床に就きました。
5. The person who found my wallet **turned** it **in** to the police.
   私の財布を見つけた人が警察に届けてくれました。

＊test form「テスト用紙」／vacation request「休暇願」／sunrise「日の出」

英作文・エクササイズ

▶ phrasal verbや他の語句を空所に入れ、日本語と同じ意味の英文を作ろう。

1. まだ所得税の書類を提出していません。
   I still ________ ________ ____ my income tax paperwork.

2. 私はたいてい深夜0時頃に就寝します。
   I usually ______ ____ ________ midnight.

3. その手配犯は警察に自首しました。
   The wanted criminal ________ himself ____ ____ the police.
   ＊paperwork「事務書類」／wanted criminal「手配犯」／turn oneself in「自首する」

書き換え・エクササイズ

▶ 次の各センテンスをphrasal verbを使って書き換えよう。

1. You have to submit a lot of paperwork when buying a car.

   ____

2. I submitted three different applications for college.

   ____

3. Older people generally go to sleep earlier than young people.

   ____

4. We should give this iPhone to the lost and found.

   ____

＊submit「提出する」／application「申込書；申込用紙」／lost and found「遺失物取扱所」

解答
［英作文・エクササイズ］1. haven't / turned / in　2. turn / in / around　3. turned / in / to
［書き換え・エクササイズ］1. You have to turn in a lot of paperwork when buying a car.（車を購入するときには、多くの書類を提出する必要があります。）　2. I turned in three different applications for college.（大学に3つ申込書を提出しました。）　3. Older people generally turn in earlier than young people.（年配の人たちは多くの場合若者よりも早く寝ます。）　4. We should turn this iPhone in to the lost and found.（このiPhoneは遺失物取扱所に持っていくべきです。）

006 Turn out

意味① ／ gather for an event
意味② ／ produce regularly in large quantities
意味③ ／ end with a positive/negative result

turn outにも多くの意味があるが、ここでは代表的なものを3つ紹介する。

まず、**「集会やイベントなどのために（パブリックな）ある場所に集まる；出席する；顔を出す」**という意味。この意味では、turn out forの形での使用が多い。誕生日のパーティーから政治的なデモまでいろいろな場面で用いることが可能だ。

また、**「定期的・継続的に大量になにかを製造する；生産する；造り出す」**という意味もある。一般的に機械の力を利用して生産するニュアンス。

もうひとつは**「（ポジティヴ／ネガティヴな）結果であることが判明する；わかる」あるいは「…という結果になる」**という意味。この用法はgreatやwonderful、well、badly、awfulといった語句とともに用いられることが多い。

シャドーイング・エクササイズ

▶ 音声を聞きながらシャドーイングしてみよう。

1. Very few spectators **turned out** for the golf tournament.
   そのゴルフトーナメントに集まった観客はごくわずかでした。

2. Thousands of people **turned out** for the parade.
   何千もの人がパレードに集まりました。

3. That company **turns out** hundreds of TVs every day.
   その企業は毎日何百台ものテレビを製造しています。

4. Don't worry, things are going to **turn out** fine.
   心配ないです。うまくいきますから。

5. These chocolate muffins I baked **turned out** wonderfully.
   私が焼いたこのチョコレートマフィンは、すばらしくうまくできました。

＊spectator「観客；見物人」／things「物事」／bake「（ケーキやパンなどを）焼く」

英作文・エクササイズ

▶ phrasal verbや他の語句を空所に入れ、日本語と同じ意味の英文を作ろう。

1. 雨のため、市長のスピーチにはだれも集まりませんでした。
No one ________ _____ _____ the mayor's speech because of the rain.

2. トヨタはどのメーカーより多くの自動車を製造しています。
Toyota _______ _____ more cars than any _______ manufacturer.

3. 経験不足にもかかわらず、彼女はすばらしい教員であることがわかりました。
Despite her ______ of experience, she ________ _____ to be a great teacher.

＊manufacturer「製造業者；メーカー」／despite ...「…にもかかわらず」

書き換え・エクササイズ

▶ 次の各センテンスをphrasal verbを使って書き換えよう。

1. People from far and wide showed up for the election.

____

2. Fewer people than we expected attended our wedding.

____

3. China is famous for producing many kinds of counterfeits.

____

4. His test results came back negative.

____

＊from far and wide「至るところから」／attend「参加する；出席する」／counterfeit「偽造品」

解答 [英作文・エクササイズ] 1. turned / out / for 2. turns / out / other 3. lack / turned / out [書き換え・エクササイズ] 1. People from far and wide turned out for the election.(選挙のため至るところから人々が集まりました。) 2. Fewer people than we expected turned out for our wedding.(私たちの結婚式には、予想よりも少ない人が集まりました。) 3. China is famous for turning out many kinds of counterfeits.(中国は多様な偽造品を大量に作ることで有名です。) 4. His test results turned out negative.(彼の検査結果は陰性であることが判明しました。)

007 Call off

意味① / cancel or postpone a scheduled event

callは「呼ぶ；電話する」、offは「外れて；切れて」がその中心的意味。

call offでは**「キャンセルする」**という意味になる。**イベント、会議、なんらかの用事などを、天気、タイミングなどの多様な状況が原因で「行わない」**ことを表すフレーズ。

call offは、基本的には多人数が参加する行事などをキャンセルする場面で用いられる。また、call offは**「後回し」あるいは「延期」といったニュアンスというよりは、「中止」という意味で用いることが多い**点も確認しておきたい。

完全置き換えできる類似表現にはcancel「キャンセルする」、scrap「中止する」、nix「なしにする；禁止する；拒否する」などがある。

シャドーイング・エクササイズ

▶ 音声を聞きながらシャドーイングしてみよう。

1. Soccer practice was **called off** because of lightning.
   雷によってサッカーの練習は中止されました。
2. Our annual business trip has been **called off** due to the coronavirus.
   毎年行う出張はコロナウイルスによって中止されました。
3. Is the company golf outing going to be **called off** because of rain?
   会社のゴルフコンペは雨によって中止になるでしょうか？
4. The company president **called off** the negotiations after just two days.
   たった2日で会社の社長が交渉を中止しました。
5. We need to **call off** our daughter's birthday party because she is sick.
   娘は病気なので、彼女の誕生パーティーを中止する必要があります。

＊lightning「雷」／annual「年に一度の」／coronavirus「コロナウイルス」／negotiation「交渉」

英作文・エクササイズ

▶ phrasal verbや他の語句を空所に入れ、日本語と同じ意味の英文を作ろう。

1. 今年の展示会は資金不足で中止されました。
   This year's __________ has been ________ ____ due to lack of funds.
2. 今年の忘年会は中止すべきだと思います。
   I think we should ________ ______ the year-____ party this year.
3. 結婚式は当日に中止されました！
   The __________ was ______ off on the day ____!

＊fund「財源；資金」／wedding (ceremony)「結婚式」／on the day of「当日」

書き換え・エクササイズ

▶ 次の各センテンスをphrasal verbを使って書き換えよう。

1. We canceled our dinner party due to the bad weather.

   ____

2. The event was scrapped because not enough people signed up.

   ____

3. The play was nixed after the lead actor got sick.

   ____

4. The concert was scrapped due to the terrorism threat.

   ____

＊due to ...「…によって」／sign up「登録する」／lead actor「主役」／terrorism「テロ」／threat「脅し；脅迫」

解答 [英作文・エクササイズ] 1. exhibition / called / off　2. call / off / end　3. wedding (ceremony) / called / of　[書き換え・エクササイズ] 1. We called off our dinner party due to the bad weather.（悪天候のせいで食事会をキャンセルしました。）　2. The event was called off because not enough people signed up.（参加登録者が少なかったため、そのイベントは中止となりました。）　3. The play was called off after the lead actor got sick.（主役が病気になって、芝居が中止されました。）　4. The concert was called off due to the terrorism threat.（テロの脅しによってコンサートが中止されました。）

008 Pass out

意味① ／ hand an item to people; distribute
意味② ／ faint; lose consciousness

日常会話でよく使われるこの表現には2つの意味合いがある。

ひとつは**資料や物などを人々に「手渡しする」「配布する」**という意味。おもに会議などで集まっている人たちになにかを手渡しする場面などで使われる。

ペンなどの物を**一個人から別の個人に渡す場面では使えない**点に注意したい。その場合は単純にgiveやhandなどの動詞を使えばいい。

ふたつ目の意味は**「意識を失う」**。原因に関係なく、ある瞬間にだれかが気絶したり、意識を失ったりした場合に用いられる。

シャドーイング・エクササイズ

▶ 音声を聞きながらシャドーイングしてみよう。

1. My sister **passed out** while riding the roller coaster.
   ジェットコースターに乗っているとき、妹が気絶したんです。
2. The woman who witnessed the horrible car accident **passed out**.
   ひどい自動車事故を目撃した女性は気絶しました。
3. The teacher **passed out** tests to each member of the class.
   教師がクラスの各人にテストを配りました。
4. We need to **pass out** security badges to all of the people visiting.
   訪問客のすべてに認証バッジを配る必要があります。
5. Call an ambulance! I think he is going to **pass out**!
   救急車を呼んで！ この人、気絶しそうです！

＊roller coaster「ジェットコースター」／witness「目撃する」／security badge「警備のための認証バッジ」／ambulance「救急車」

英作文・エクササイズ

▶ phrasal verbや他の語句を空所に入れ、日本語と同じ意味の英文を作ろう。

1. 血糖値がひどく低下して、糖尿病の人が気絶しました。
The _____ person _____ out because his blood ______ was too low.

2. ハロウィンの日には、よく衣装を着た子どもたちにお菓子を配ります。
People often pass ____ candy to ________ children on Halloween.

3. セミナーに参加したそれぞれの人に、調査報告書が配布されました。
Surveys were ________ ______ to each person ______ attended the seminar.

＊diabetic「糖尿病の」／blood sugar「血糖値」／candy「菓子」／survey「調査書；報告書」

書き換え・エクササイズ

▶ 次の各センテンスをphrasal verbを使って書き換えよう。

1. My mother always faints at the sight of blood.

____

2. The tour guide distributed name badges to everyone in the group.

____

3. The mountain climber lost consciousness and had to be rescued.

____

4. Local governments now hand out hazard maps to residents in case of natural disasters.

____

＊at the sight of ...「…を見ると」／distribute「配る」／consciousness「意識」／rescue「救助する」／local government「地方自治体」／natural disaster「自然災害」

解答 [英作文・エクササイズ] 1. diabetic / passed / sugar 2. out / costumed 3. passed / out / that [書き換え・エクササイズ] 1. My mother always passes out at the sight of blood. (母は血を見ると必ず気絶します。) 2. The tour guide passed out name badges to everyone in the group. (ツアーガイドが名入りバッジをグループのみんなに配布しました。) 3. The mountain climber passed out and had to be rescued. (その登山者は気を失ってしまい、救助されなければなりませんでした。) 4. Local governments now pass out hazard maps to residents in case of natural disasters. (自然災害に備えて、いま地方自治体は住民にハザードマップを配布しています。)

009 Run across

意味① ／ meet someone by accident; bump/run into
意味② ／ find/discover something by accident; happen to see/find/meet; come across

もちろん、run acrossにはrun across the street「通りを横切る」のように単純に「横切る」「走って渡る」という意味の基本的な用法もある。

さらに**意味 ① で紹介しているように、「街角などで知っている人に偶然に出会う」、また意味 ② にある「探してもいなかったなにかを偶然に見つける」という意味の使い方もある。**

このフレーズの類似表現としては、bump into .../run into ...「…にたまたまで会う」、happen to find/see ...「たまたま…を見つける；…に会う」などがある。

シャドーイング・エクササイズ

DL-009

▶ 音声を聞きながらシャドーイングしてみよう。

1. I **ran across** an old friend while on vacation in Kyoto.
   京都での休暇中に偶然古い友人に出会いました。
2. His wife **ran across** pictures of another woman when borrowing his phone.
   彼の妻は、夫の電話を借りているときに、たまたま別の女性の写真を見つけました。
3. If you **run across** Tom at the convention, please give him my regards.
   コンベンションでたまたまトムに会ったら、よろしく伝えておいて。
4. We have **run across** a problem with our accounting software.
   私たちは、たまたまうちの会計ソフトの問題を見つけました。
5. Where did you **run across** this beautiful, old vase?!
   この古くて美しい花瓶はどこで見つけたの？！

＊vacation「休暇」／borrow「借りる」／regards「よろしくというあいさつ」／accounting software「会計ソフト」／vase「花瓶；壺」

英作文・エクササイズ

▶ phrasal verbや他の語句を空所に入れ、日本語と同じ意味の英文を作ろう。

1. 僕が君のうちに忘れたネクタイをたまたま見つけたら、教えてね。
   If you ______ ________ the necktie I forgot at your house, _____ ____ know.
2. 警察は通常の車両取り締まりの間に、偶然、手配中の殺人犯に出くわしました。
   Police ran _____ a wanted ________ _______ a standard traffic stop.
3. 完全に忘れていた高校時代の写真を偶然見つけました。
   I _____ ________ a picture from high school that I completely ________ about.

＊wanted「指名手配中の」／traffic stop「(停車させての) 車両取り締まり」／completely「完全に」

書き換え・エクササイズ

▶ 次の各センテンスをphrasal verbを使って書き換えよう。

1. I bumped into your mother at the supermarket this evening.

   ____

2. I happened to find some old pictures from elementary school in an old box.

   ____

3. I ran into one of my old college professors at the bookstore last week.

   ____

4. I happened to see your phone number this morning, so I thought I would call you.

   ____

＊bumped into ...「たまたま…に会う」／happen to ...「たまたま…する」／elementary school「小学校」／professor「教授」

解答 [英作文・エクササイズ] 1. run / across / let / me　2. across / murderer / during　3. ran / across / forgot　[書き換え・エクササイズ] 1. I ran across your mother at the supermarket this evening.（今日の夕方、たまたまスーパーであなたのお母さんに出会いましたよ。）　2. I ran across some old pictures from elementary school in an old box.（偶然、古い箱の中に小学校時代の古い写真を何枚か見つけました。）　3. I ran across one of my old college professors at the bookstore last week.（先週書店で、昔の大学時代の教授に偶然出会いました。）　4. I ran across your phone number this morning, so I thought I would call you.（今朝、偶然あなたの電話番号を見つけたから、電話しようと思ったんです。）

010 Look up

意味① ／ check/search for information (in a dictionary, online etc.)
意味② ／ search for/visit a person (not seen in awhile)
意味③ ／ improve, get better

look upには「目線や顔を上げる」という基本的な意味があるが、それ以外の意味を紹介していこう。

まずは、**辞書やオンラインなどで情報を「調べる」**という意味がある。

また、その意味合いから少し転じて、**電話帳や地図などを見て、長年会っていない人を「探して訪問する；訪問しようとする」**という意味にもなる。

3つ目のよく使う意味合いは**物事や状況、例えば健康状態や金銭的な状況が「向上する」。**この使い方はThings（状況）look up ＋ once/afterという決まったパターンで使用されることが多い。

シャドーイング・エクササイズ

DL-010

▶ 音声を聞きながらシャドーイングしてみよう。

1. I **looked up** the answer to the question on the internet.
   問題の答えをインターネットで調べました。
2. It's important to **look up** any words you don't know in the dictionary.
   わからないどんな単語も辞書で調べることが重要です。
3. When I went back to my hometown, I **looked up** an old friend from middle school.
   帰省したとき、中学時代の古い友人の家を訪問しました。
4. I tried to **look up** my Japanese pen pal when I went to Tokyo, but she must have moved.
   東京に行ったとき、日本のペンフレンドの家を探そうとしましたが、きっと引っ越してしまったのでしょう。
5. I expect our sales to **look up** once the economy recovers.
   いったん経済が回復したら、売上が上向くと期待しています。

＊dictionary「辞書」／hometown「故郷の町」／pen pal「ペンフレンド」／move「引っ越す」／recover「回復する」

英作文・エクササイズ

▶ phrasal verbや他の語句を空所に入れ、日本語と同じ意味の英文を作ろう。

1. 先月の売上額を調べてもらえますか？
   Can you ______ ______ last month's _______ figures for me?

2. この薬を規則正しく飲むようにすれば、あなたの具合はよくなってきますよ。
   __________ will start to look ____ for you ______ you take this medicine regularly.

3. 妻は養子だったので、25年後に実の父を探して訪ねました。
   Being ________, my wife _________ up her _______ father after 25 years.

＊figure「数字；額」／medicine「薬」／adopted「養子となった」 birth father「実の父」

書き換え・エクササイズ

▶ 次の各センテンスをphrasal verbを使って書き換えよう。

1. I searched for the movie online, but there were only a few reviews.

   ____

2. Things started to improve for us after we moved to the country.

   ____

3. Last weekend an old friend from England was in town and visited me.

   ____

4. Cellphones are banned from classrooms so students don't try to find test answers online.

   ____

＊review「評論；批評」／cellphone「携帯電話」／ban ... from ...「…が…に入ることを禁じる」／try to ...「…しようとする」

解答 ［英作文・エクササイズ］1. look / up / sales 2. Things / up / once 3. adopted / looked / birth ［書き換え・エクササイズ］1. I looked up the movie online, but there were only a few reviews.（映画についてネットで調べましたが、レビューは少ししかありませんでした。） 2. Things started to look up for us after we moved to the country.（田舎に移住したあと、いろいろなことが上向き始めました。） 3. Last weekend an old friend from England was in town and looked me up.（先週末、イギリス人の古い友人が町に来て、私を訪ねてきました。） 4. Cellphones are banned from classrooms so students don't try to look up test answers online.（生徒たちがネットで答えを調べようとしないように、携帯の教室への持ち込みは禁止されています。）

011 Give back

意味①／return a borrowed item; repay; pay back; give back
意味②／donate time or money to show appreciation

「与える」という意味のgiveにbackを加えると、**借りたり、使わせてもらったりした物を「返す」**という意味になる。

give backは、単純な「（物を）返す」という意味以外に、社会的な活動を指す表現にもなる。ある程度、財産もつようになった**成功者などが過去に世話になった施設や人、町などにお金や時間を寄付する**こともgive backで表現できる。

例えばプロスポーツ選手が、そのスポーツを始めた中学校に寄付金を出したり、余った時間にコーチとして活動して恩返ししたりするような場合にこのフレーズを使う。

シャドーイング・エクササイズ　DL-011

▶ 音声を聞きながらシャドーイングしてみよう。

1. My brother finally **gave back** the money he borrowed.
   兄が借りていたお金をやっと返してくれました。
2. I'm going to **give** these books **back** to the library.
   この本を図書館に返却するつもりです。
3. His fiancé **gave back** the engagement ring and called off the wedding.
   彼の婚約者は婚約指輪を返して、結婚式を取り消しました。
4. Many American athletes start charities in attempt to **give back** to society.
   多くのアメリカのアスリートが社会に恩返ししようとチャリティーを開始しています。
5. The billionaire CEO **gave back** to his hometown by building a new high school.
   億万長者のCEOは新しい高校を建設することで故郷の町に恩返ししました。

＊engagement ring「婚約指輪」／call off「中止する；取り消す」／in attempt to ...「…しようとして」／billionaire「大富豪；大金持ち」

英作文・エクササイズ

▶ phrasal verbや他の語句を空所に入れ、日本語と同じ意味の英文を作ろう。

1. 私の義理の兄弟は私に千ドル借りていましたが、決して返してくれませんでした。
My brother-in-___ borrowed $1,000 from me but never _____ it back.

2. バーテンダーは顧客のクレジットカードを返却するのを忘れました。
The bartender ________ to give ______ the ___________ credit card.

3. 世界的に有名な芸術家が、恩返しのために巨大な彫刻を大学に寄贈しました。
The world-__________ artist __________ a huge sculpture to his college in attempt to _______ _______.

＊brother-in-law「義理の兄弟」／borrow「借りる」／bartender「バーテンダー」／donate「寄付する」／sculpture「彫刻作品」

書き換え・エクササイズ

▶ 次の各センテンスをphrasal verbを使って書き換えよう。

1. The thief felt guilty and returned all of the items he stole.

____

2. The famous actor started an acting school in order to contribute to the acting community.

____

3. My coworker borrowed my favorite pen and won't return it.

____

4. His ex-wife refuses to repay the money she owes.

____

＊guilty「罪悪感のある」／stole「盗んだ」stealの過去形／owe「借りている」

解答 ［英作文・エクササイズ］1. law / gave　2. forgot / back / customer's　3. famous / donated / give / back　［書き換え・エクササイズ］1. The thief felt guilty and gave back all of the items he stole.（泥棒は罪の意識を感じて盗んだすべての品を返しました。）　2. The famous actor started an acting school in order to give back to the acting community.（俳優業コミュニティーに恩返しするために、その有名俳優は俳優学校をスタートしました。）　3. My coworker borrowed my favorite pen and won't give it back.（同僚は私のいちばん気に入っているペンを借りたまま返そうとしません。）　4. His ex-wife refuses to give back the money she owes.（彼の元妻は借りているお金を返そうとしません。）

012 Take off

意味① ／ remove an article of clothing
意味② ／ leave; depart; flee
意味③ ／ become extremely popular; sell well

take offにはいくつかの意味があるが、もっとも一般的なのは**シャツや帽子など身に着けている物を「脱ぐ」**という意味。

2番目の意味は**「出発する；離れる；去る」でleaveやdepartと置き換えることができる。**この意味は飛行機などが地面を離れるイメージから生まれたもの。飛行機であれば「離陸する」、ロケットであれば「発射する」という意味になる。

また、ここからさらに転じて**「逃げる」という意味でも使われ、これはfleeやrun awayと置き換えられる。**

別の視点で、ロケットなどが勢いよく打ち上がるイメージから**「大人気となる；大いに売れる」という意味でも使われている。**

シャドーイング・エクササイズ

▶ 音声を聞きながらシャドーイングしてみよう。

1. **Take off** the blue shirt and wear this red one instead.
   青いシャツを脱いで代わりにこの赤いシャツを着なさい。

2. My plane didn't **take off** on time, so I missed my connection.
   私の飛行機が時間どおりに離陸しなかったので、乗り継ぎを逃しました。

3. Why are you **taking off** so soon?! The party is just starting!
   どうしてそんなに早く帰っちゃうの？！ パーティーは始まったばかりですよ！

4. I read in a magazine that darts is starting to **take off** in Japan.
   ダーツが日本で大流行し始めていると記事で読みました。

5. The demonstrators **took off** as soon as the police arrived.
   デモ隊の人たちは警察が到着するや否や逃げていきました。

＊instead「代わりに」／connection「乗り継ぎ（便）」／darts「ダーツ」／demonstrators「デモ隊；デモを行っている人たち」

英作文・エクササイズ

▶ phrasal verbや他の語句を空所に入れ、日本語と同じ意味の英文を作ろう。

1. 多くのビジネスマンはオフィスを出るとすぐにネクタイを外します。
Many businessmen _______ ______ their ties as soon as they leave the _________.

2. 土曜の早朝に日が昇るとすぐにビーチに向かって出発しました。
We _______ off for the beach early Saturday morning as _______ as the sun came _____.

3. 新型のBMWのコンバーチブル・セダンは大人気となっています。
The new BMW sedan convertible has really _______ _____.

＊tie「ネクタイ」／convertible「屋根が着脱式の」

書き換え・エクササイズ

▶ 次の各センテンスをphrasal verbを使って書き換えよう。

1. You should remove your wet clothing so you don't catch a cold!

____

2. I need to leave early today to attend my son's soccer game.

____

3. Sales of the new game console increased rapidly right before Christmas.

____

4. After hitting a parked car, the taxi sped away.

____

＊remove「脱ぐ；外す」／clothing「衣類」／cold「風邪」／attend「出席する」／rapidly「急速に」／hit「ぶつかる」／speed away「急いで逃げる」

解答
［英作文・エクササイズ］1. take / off / office　2. took / soon / up　3. taken / off
［書き換え・エクササイズ］1. You should take off your wet clothing so you don't catch a cold!（風邪を引かないように、濡れた衣類は脱ぎなさい！）　2. I need to take off early today to attend my son's soccer game.（息子のサッカーの試合を見るために、今日は早めに出る必要があるのです。）　3. Sales of the new game console took off right before Christmas.（新しいゲーム機の売上は、クリスマス直前に絶好調になりました。）　4. After hitting a parked car, the taxi took off.（駐車していた自動車にぶつかったあと、そのタクシーは大急ぎで逃げました。）

013 Put down

意味① ／ drop/set down
意味② ／ insult/tease/bully someone
意味③ ／ stop/suppress an (illegal) activity by force

通常の会話ではput downは**持ち物を「置く；降ろす」**という意味になる。映画などで警察が登場するシーンでは、よくPut down that gun!「拳銃を下ろせ」というフレーズを耳にする。また、ペンや電話を「置く」といった使い方もある。

put「押し込む；打ち込む」とdown「下に」の組み合わせから、**「下に押し込む」というイメージ**も浮かんでくるが、そこから、**「相手をバカにする；こき下ろす：悪口で侮辱する」**という意味にもなる。

さらに、警察や軍隊などが**反乱・反対デモなどを「抑え込む」、あるいは「力ずくで鎮圧する」「取り締まる」**という意味でも用いられる。

シャドーイング・エクササイズ　DL-013

▶ 音声を聞きながらシャドーイングしてみよう。

1. The woman **put down** her phone when the doorbell rang.
   玄関のベルが鳴ったとき、女性は電話を置きました。
2. The businessman **put** his briefcase **down** next to the table.
   ビジネスマンはテーブルの横にブリーフケースを下ろしました。
3. My little sister was often **put down** in middle school because she was short.
   妹は背が低かったので、中学のときよくバカにされていました。
4. People are always **putting** him **down** because he wears thick glasses.
   分厚いメガネをかけているので、みんなはいつも彼を侮辱しています。
5. The revolt was quickly **put down** by government forces.
   反乱は政府軍によって即座に鎮圧されました。

＊doorbell「玄関のベル」／middle school「中学」／thick「厚い」／revolt「反乱」／government forces「政府軍」

英作文・エクササイズ

▶ phrasal verbや他の語句を空所に入れ、日本語と同じ意味の英文を作ろう。

1. 昨今、人々に携帯電話を置かせるのは非常に困難です。
Nowadays it is very ___________ to get people to _____ down their cellphones.

2. かつて外見をバカにされていた少女は、高収入のスーパーモデルになりました。
Once _____ ______ for her looks, the girl ________ a top-paid supermodel.

3. そのアフリカの国の暴動はついに鎮圧されました。
The _______ in the African country has _________ been _____ ______.

＊cellphone「携帯電話」／looks「外見」／top-paid「高収入の」／unrest「暴動；動乱」

書き換え・エクササイズ

▶ 次の各センテンスをphrasal verbを使って書き換えよう。

1. Please set down your pencils; the test is now over.

____

2. The bank robber dropped his gun and surrendered to the police.

____

3. A good manager encourages workers instead of bullying them.

____

4. The dictator suppressed the pro-democracy rally using tanks and soldiers.

____

＊over「終わって」／robber「強盗」／surrender「降参する；投降する」／encourage「激励する」／bully「虐める」／dictator「独裁者」／suppress「抑圧する；鎮圧する」／pro-democracy「民主化を求める」／rally「集会」／tank「戦車」

解答 ［英作文・エクササイズ］1. difficult / put　2. put / down / became　3. unrest / finally / put / down　［書き換え・エクササイズ］1. Please put down your pencils; the test is now over.（鉛筆を置いてください、試験はここで終了です。）　2. The bank robber put down his gun and surrendered to the police.（銀行強盗は拳銃を置いて警察に投降しました。）　3. A good manager encourages workers instead of putting them down.（よいマネージャーは労働者をこき下ろす代わりに勇気づけます。）　4. The dictator put down the pro-democracy rally using tanks and soldiers.（独裁者は、戦車と兵士を使って民主化を求める集会を鎮圧しました。）

014 Do over

意味① ／ begin again; start over; redo

doはいろいろな意味をもつ非常に漠然とした動詞だ。**overはそれ自体では「越えて；向こうに；乗り越えて」といった意味合いをもつが、このdo overでは「反復」を表し、「繰り返して（はじめから）もう一度行う」といった意味になる。**例えば、なにかに失敗して最初からやり直すときにdo it over again「それをやり直す」と表現できる。

do overはどのようなことについても使えるが、**登場頻度が多いのは仕事のやり直しなどのシーン**だ。

ブリティッシュ・イングリッシュでは「攻撃する；だます；強盗する」という意味もあるがアメリカ英語ではその使い方はないので注意が必要だ。

シャドーイング・エクサイズ

▶ 音声を聞きながらシャドーイングしてみよう。

1. I had to **do** my laundry **over** because I forgot to add detergent.
   洗剤を入れ忘れて、洗濯をやり直さなければなりませんでした。
2. The student driver had to **do** the test **over** twice before she passed.
   その学生ドライバーは合格する前に、試験を二度繰り返し受けなければなりませんでした。
3. If I could **do** it **over** again, I wouldn't get married so young.
   もう一度やり直せるのなら、若すぎる結婚はしないでしょう。
4. We used the wrong color paint to paint the office so now we have to **do** it **over**.
   オフィスの塗装に間違った色の塗料を使ったので、塗装をやり直さねばなりません。
5. We need to **do** this excel sheet **over** because the formulas are wrong.
   数式が間違っているので、このエクセルシートはやり直さねばなりません。

＊laundry「洗濯」／detergent「洗剤」／get married「結婚する」／paint「ペンキ；塗装する」／formula「数式；公式」

英作文・エクササイズ

▶ phrasal verbや他の語句を空所に入れ、日本語と同じ意味の英文を作ろう。

1. 上司は私に報告書をより詳細に作り直すように依頼しました。
The boss asked me to _____ the report _______ in ______ detail.

2. 泣いたあと、女性は化粧をやり直さねばなりませんでした。
The woman had to do her __________ _______ after she cried.

3. 生徒が宿題をなくしたため、先生は彼にやり直しをさせました。
The student _______ his homework, so the teacher made him _____ it over.

＊in more detail「より詳細に」／makeup「化粧」／make ... do ...「…に…をさせる」

書き換え・エクササイズ

▶ 次の各センテンスをphrasal verbを使って書き換えよう。

1. I was not happy with my haircut, so the hairdresser offered to cut my hair again.

____

2. I hope I pass my English test because I don't want to have to redo it.

____

3. You need to rewrite this report because it is full of errors.

____

4. I cleaned the windows, but they were still dirty, so I had to start again.

____

＊hairdresser「美容師」／redo「やり直す」／rewrite「書き直す」

解答
[英作文・エクササイズ] 1. do / over / more　2. makeup / over　3. lost / do
[書き換え・エクササイズ] 1. I was not happy with my haircut, so the hairdresser offered to do my hair over.（私は髪の毛のカットが気に入らなかったので、美容師がやり直すと言ってくれました。） 2. I hope I pass my English test because I don't want to have to do it over.（やり直したくないから、英語のテストに受かっていることを願っています。） 3. You need to do this report over because it is full of errors.（ミスだらけなので、この報告書はやり直してもらう必要があります。） 4. I cleaned the windows, but they were still dirty, so I had to do them over.（窓を掃除しましたが、まだ汚れていました。それでやり直さねばならなかったんです。）

015 Break down

意味① ／ decompose; break apart; crumble
意味② ／ stop functioning; break; malfunction (machine)
意味③ ／ cry; lose one's composure

「壊れる」という意味をもつbreakにdownを加えると、**橋や壁または木など一定の形状のあるものが時間の経過によって「崩れる」「分解する」**というイメージになる。

さらに、この基本イメージから転じて、おもに**複雑なパーツから構成される機械的な働きをするものが「故障する」「壊れる」「動かなくなる」「うまく機能しない；機能不全になる」**という意味にもなる。

加えて、break downは、**「取り乱す；泣き出す」という感情的な意味合いでも用いられる。**人が悲しくて（あるいは、うれしくて）泣き出したり、プレッシャーによって通常の行動できなくなったりした状態を表すのにも使えるフレーズだ。

シャドーイング・エクササイズ　DL-015

▶ 音声を聞きながらシャドーイングしてみよう。

1. Lime juice makes a good marinade because it **breaks down** the meat cells.
ライムジュースは肉の細胞を壊すので、いいマリネ液になります。

2. I was two hours late to work because my car **broke down**.
車が故障したので仕事に2時間遅刻しました。

3. The elevator **broke down** so we will have to take the stairs.
エレベーターが壊れたので、階段を使わねばなりません。

4. The woman **broke down** when describing the horrible accident.
ひどい事故について説明しているとき、その女性は泣き崩れました。

5. The actor **broke down** during his speech at the award ceremony.
授賞式でのスピーチの最中に、その俳優は泣き出しました。

＊marinade「マリネ（液）」／cell「細胞」／stairs「階段」／describe「説明する」／horrible「ひどい」／award ceremony「授賞式」

英作文・エクササイズ

▶ phrasal verbや他の語句を空所に入れ、日本語と同じ意味の英文を作ろう。

1. デンプンと糖は胃の中で分解されます。
Starch and sugars are ________ down in the _________.

2. 選手とファンに感謝しているときに、引退するコーチが泣き出しました。
The retiring coach ________ down when ___________ his players and fans.

3. オフィスのプリンターが故障したので、販売会社を呼ばねばなりませんでした。
The printer in our office _________ _______, so we had to _____ the vendor.

＊starch「デンプン」／sugars「糖」／stomach「胃」／player「選手」／vendor「販売会社」

Chapter 1

ネイティブがもっとも覚えてほしいPhrasal Verbs 40

書き換え・エクササイズ

▶ 次の各センテンスをphrasal verbを使って書き換えよう。

1. Plastic is an environmental hazard because it takes a long time to decompose.

____

2. Our air conditioner stopped working on the hottest day of the summer.

____

3. The newscaster started to cry while reporting on the war casualties.

____

4. The racecar malfunctioned during the last lap of the race.

____

＊hazard「脅威；危険要素」／decompose「分解する」／report「レポートする」／casualties「死傷者；被害者」／malfunction「うまく機能しない」／last lap「最終ラップ」

解答 [英作文・エクササイズ] 1. broken / stomach　2. broke / thanking　3. broke / down / call　[書き換え・エクササイズ] 1. Plastic is an environmental hazard because it takes a long time to break down.（分解するのに長い時間がかかるため、プラスチックは環境に対する脅威となっています。）　2. Our air conditioner broke down on the hottest day of the summer.（エアコンが夏のもっとも暑い日に壊れました。）　3. The newscaster broke down while reporting on the war casualties.（戦争被害者についてレポートしているとき、ニュースキャスターは泣き崩れました。）　4. The racecar broke down during the last lap of the race.（レースの最終ラップで、そのレースカーは機能しなくなりました。）

016 Fill out

意味①／complete a form; write in answers on a questionnaire
意味②／gain weight: change from skinny to healthy or fat

fillはそれ自体ではなにかを「満たす」という意味で、液体でカップを満たすときにも、書籍で箱を満たすときにも使えるが、fill outというフレーズになると2つの意味をもつようになる。

もっとも一般的に用いられるのは、**アンケートなど書類の質問に対する答えを「(すべて) 記入する；埋める」**という意味での用法。これに対してfill inは「(1つの質問の答えを) 埋める」という意味で使われるので注意。また、ブリティッシュ・イングリッシュでは、fill outの代わりにfill inを用いる点もチェックしておこう。

fill outには、ガリガリの体型の人が**「健康になる」あるいは「太る；体重が増える」「体が大きくなる」という意味**もあるが、一般的に**不健康さを抜け出して健康的になった人に関してポジティヴな意味合いで用いられる。**

シャドーイング・エクササイズ　DL-016

▶ 音声を聞きながらシャドーイングしてみよう。

1. Please **fill out** this paperwork and bring it back to me.
   この書類に記入して、私のところに戻してください。
2. I had to **fill out** five different forms before I could see the doctor.
   医者に診察してもらう前に、5種類の書類を埋めなければなりませんでした。
3. Customers who **fill out** this simple questionnaire can get a 20% discount.
   このかんたんなアンケートにご記入いただいたお客さまは、20%の割引が受けられます。
4. I was very skinny in my youth but **filled out** during my high school years.
   若い頃はとても痩せていましたが、高校時代に健康な体つきになりました。
5. He lost 20 pounds when he was sick but **filled out** nicely after recovering.
   彼は病気のとき20ポンド体重が減りましたが、回復後には申し分なく体重を増やしました。

＊paperwork「書類」／questionnaire「アンケート」／discount「値引き」／skinny「痩せこけて」／nicely「申し分なく」

英作文・エクササイズ

▶ phrasal verbや他の語句を空所に入れ、日本語と同じ意味の英文を作ろう。

1. 書類の記入を間違えたので、やり直すように言われました。
   I ________ out the form ____________, so I was ________ to do it over.
2. その申込書の記入にペンは使わないでください。
   ________ don't use a pen to _______ _______ that application form.
3. 唇を分厚くするために、多くの女性が美容整形手術を受けています。
   Many women ______ cosmetic surgery to fill ______ their _______.
   ＊incorrectly「間違って」／application form「申込用紙」／cosmetic surgery「美容整形」

書き換え・エクササイズ

▶ 次の各センテンスをphrasal verbを使って書き換えよう。

1. If you want to sign up, complete our online application form.
   ____
2. The bank robber used an alias when answering the census questionnaire.
   ____
3. At first my son was too skinny to play football, but he has gained weight since.
   ____
4. The rescued children were emaciated from their ordeal but have since become healthy.
   ____

＊sign up「登録する；登録申し込みをする」／alias「偽名」／census questionnaire「国勢調査のアンケート」／football「アメフト」／emaciated「やつれた」／ordeal「厳しい試練；辛い体験」

解答 ［英作文・エクササイズ］1. filled / incorrectly / asked　2. Please / fill / out　3. get / out / lips　［書き換え・エクササイズ］1. If you want to sign up, fill out our online application form.（登録したい場合、弊社のオンライン申請フォームにご記入ください。）　2. The bank robber used an alias when filling out the census questionnaire.（銀行強盗は国勢調査のアンケートの記入に偽名を使いました。）　3. At first my son was too skinny to play football, but he has filled out since.（最初は息子はアメフトをやるには痩せすぎていましたが、それ以来体重が増えました。）　4. The rescued children were emaciated from their ordeal but have since filled out.（救出された子どもたちは辛い体験によってやつれていましたが、以来体重が増えてきました。）

017 Hold up

意味①／raise an object up so it is easily visible
意味②／cause something to be delayed; make someone wait
意味③／rob a person or a business

hold自体の意味は「持つ；保持する」。hold upの基本的な意味は**「(高く・上に）持ち上げる；上げる；掲げる」。**なにかをだれかによく見てもらうために「持ち上げる」という使い方がもっとも多い。

さらにhold upには**「人を待たせる」「なにかを遅らせる；延期する」**という意味もある。命令文でHold up! と表現すると「ちょっと待ってよ！」という意味になる。

また**「強盗に入る」という意味もある。**Hold 'em up. ＝Hold up your hands.「両手を挙げろ」という使い方から転じたものだ。holdupで「(ピストル・ナイフを使った）強盗」という意味の名詞にもなる。

シャドーイング・エクササイズ

▶ 音声を聞きながらシャドーイングしてみよう。

1. The demonstrators **held up** signs and marched in front of the embassy.
   デモの参加者たちは看板を高く掲げて大使館前を行進しました。
2. **Hold up** your passports so the security guards can see them clearly.
   警備員にはっきり見えるようにパスポートを持ち上げてください。
3. Our train's departure was **held up** due to a snowstorm.
   吹雪のため、電車の出発が遅れました。
4. I am really sorry for **holding up** the meeting.
   会議を遅らせてしまいほんとうにすみません。
5. The four men **held up** the bank and escaped with millions.
   ４人の男が銀行強盗に入り何百万もの金を盗んで逃げました。

＊demonstrators「デモ隊」／sign「看板；掲示」／embassy「大使館」／security guard「警備員」／snowstorm「吹雪」／escape「逃げる；逃走する」

英作文・エクササイズ

▶ phrasal verb や他の語句を空所に入れ、日本語と同じ意味の英文を作ろう。

1. ツアーガイドは、旅行客がついて来やすいように旗を高く掲げました。
   The tour guide _______ _____ a flag _____ the tourists could follow her easily.
2. 電話会議は技術的な問題で延期になりました。
   Our conference call was _______ up because of technical _________.
3. その銀行は十数回以上も強盗に入られたことで有名です。
   That bank is famous _________ it has been _______ _____ over a dozen times.

＊flag「旗」／conference call「電話会議」／technical「技術的な」／dozen「12の；1ダースの」

書き換え・エクササイズ

▶ 次の各センテンスをphrasal verbを使って書き換えよう。

1. Raise your hand if you would like to volunteer.

   ____

2. The captured solders lifted their hands in defeat.

   ____

3. Our flight was delayed because of an electronic malfunction.

   ____

4. Shockingly, the jewelry store was robbed in broad daylight.

   ____

＊raise「上げる；挙げる」／volunteer「ボランティアをする」／capture「捕らえる」／in defeat「敗北して」／malfunction「機能不全」／in broad daylight「白昼（堂々）」

解答 ［英作文・エクササイズ］1. held / up / so　2. held / issues　3. because / held / up　［書き換え・エクササイズ］1. Hold up your hand if you would like to volunteer.（ボランティアをしたい方は挙手してください。）　2. The captured solders held up their hands in defeat.（捕らえられた兵士たちは敗北の意を示し両手を挙げました。）　3. Our flight was held up because of an electronic malfunction.（フライトは電子機器の不調により遅延しました。）　4. Shockingly, the jewelry store was held up in broad daylight.（ショックなことに、白昼堂々宝石店が強盗に入られました。）

018 Hold out

意味① ／ offer or present something
意味② ／ endure; wait; resist; survive

hold「持つ」とout「外へ」の組み合わせは、「腕を伸ばす」が基本の意味だ。そこから転じて**「（物を）差し出す」「（手で持って）提示する；提出する」**という意味になる。また場合によっては「（持ち物を）提供する」という意味にもなる。

さらに**hold outは「我慢する」「辛抱する」「耐える」「持ちこたえる」「粘る」「抵抗する」といった意味でも用いられる。城を攻められているがなんとか持ちこたえて踏ん張っているようなイメージ**を浮かべてほしい。ビジネスシーンなら、交渉中に悪い条件を呑まず「粘って」自分に有利な状況になるまで契約へのサインを保留し耐え忍ぶ感じだ。The star baseball player is holding out for more money.「野球のスター選手はさらなる金額を求めて抵抗している；契約を保留している」といった使い方がその一例だ。

シャドーイング・エクササイズ　DL-018

▶ 音声を聞きながらシャドーイングしてみよう。

1. The fans **held out** all kinds of objects in attempt to get a signature.
   ファンたちはサインをもらおうとして、あらゆる物を差し出しました。
2. The homeless man **held out** a cup for people to put money in.
   ホームレスの男性は人々がお金を入れてくれるようにカップを差し延べました。
3. The soldiers **held out** until the very end, but were eventually defeated.
   兵士たちは最後まで抵抗しましたが、ついには敗北を喫しました。
4. The patient won't be able to **hold out** much longer without surgery.
   患者は手術しなければ、これ以上持ちこたえることはできないでしょう。
5. Our food supply won't **hold out** for much longer.
   われわれの食料は、これ以上はもちません。

＊object「物体；物」／signature「サイン」／eventually「ついに；結局」／surgery「外科手術」

英作文・エクササイズ

▶ phrasal verb や他の語句を空所に入れ、日本語と同じ意味の英文を作ろう。

1. チームのスター選手の何人かがより大きな金額を求めて抵抗しました。
   Several of the team's ______ players ______ _____ for more money.
2. 掌を上に向けて両手を差し出して。
   ______ out your hands ______ your palms facing ____.
3. 夕食まで我慢できなかったのでキャンディーバーを買いました。
   I ________ ______ out until dinner so I bought a candy bar.

＊with ... facing up「…を上に向けて」／palm「掌」

書き換え・エクササイズ

▶ 次の各センテンスをphrasal verbを使って書き換えよう。

1. The stranded hikers were able to survive by drinking melted snow.
   ____
2. The volunteers presented signboards with important information.
   ____
3. I hope this good weather will last another week.
   ____
4. After two days, he couldn't resist any longer and smoked a cigarette.
   ____

＊stranded「立ち往生した；取り残された」／signboard「掲示」／last「続く」／resist「抵抗する；抗う」／smoke「タバコを吸う」

解答

[英作文・エクササイズ] 1. star / held / out　2. Hold / with / up　3. couldn't / hold
[書き換え・エクササイズ] 1. The stranded hikers were able to hold out by drinking melted snow.（取り残されたハイカーは雪を溶かして飲みながら持ちこたえました。）　2. The volunteers held out signboards with important information.（ボランティアは重要な情報の書かれている掲示板を差し出しました。）　3. I hope this good weather will hold out for another week.（このいい天気があと1週間続くといいなあ。）　4. After two days, he couldn't hold out any longer and smoked a cigarette.（2日後に、彼はそれ以上我慢できなくなってタバコを1本吸いました。）

019 Turn down

意味① / lower the volume (TV, radio, etc.)
意味② / refuse; reject; decline

turnは「回す」が中心の意味。**かつてはつまみを「回して」音量などを「下げて」いたが、それを表現するのがturn down「（音量を）下げる」「（照明を）暗くする」というフレーズ**だ。

現代ではテレビのリモコンなどはプッシュ式に変わってしまったが、英語表現は昔のまま残っている。

さらに**「下げる」という意味よりも頻度的に多く使われるturn downの意味に、提案や推薦、申し出などを「拒否する；断る；却下する」がある。**

蛇足だが、turnとdownをひっくり返してくっつけdownturnとすると、「（業績などの）悪化；下降」という意味の名詞になる。

シャドーイング・エクササイズ

▶ 音声を聞きながらシャドーイングしてみよう。

1. **Turn down** your TV or the neighbors are going to complain!
   テレビの音量を下げないと、ご近所から苦情が来ますよ！
2. He **turned down** the lights to create a more romantic atmosphere.
   さらにロマンチックな雰囲気を作ろうと、彼は明かりを暗くしました。
3. I didn't want to change jobs but their offer was too good to **turn down**.
   仕事を変えたくはなかったのですが、断るには先方のオファーがよすぎたのです。
4. He asked her out on a date but she **turned** him **down**.
   彼は彼女をデートに誘いましたが、彼女は断りました。
5. The company offered me a position in New York but I **turned** it **down**.
   会社は私にニューヨークでのポジションを提供しましたが、断りました。

＊neighbors「近所」／complain「文句を言う」／ask ... out「…をデートに誘う」／position「役職；地位」

英作文・エクササイズ

▶ phrasal verb や他の語句を空所に入れ、日本語と同じ意味の英文を作ろう。

1. 電車では電話のベルの音量を下げるのが礼儀だと考えられています。
It's considered ________ to turn ______ the ringer ____ your phone when on the train.

2. お金がなかったので、スキーに行こうという申し出を断りました。
I didn't have the money ____ I ________ down their ________ to go skiing.

3. 人気俳優は気に入らなかった配役をいくつか断りました。
The popular actor _________ ______ several _______ that he didn't like.

＊ringer「ベル」／role「役；配役」

書き換え・エクササイズ

▶ 次の各センテンスをphrasal verbを使って書き換えよう。

1. I hate it when moviegoers forget to lower the volume on their phones.

____

2. The employees that were on strike rejected the offer of a $1.00 raise.

____

3. I refused the invitation to go on a camping because I was broke.

____

4. I was shocked when my coworker rejected the promotion.

____

＊hate「憎む；ひどく嫌う」／reject「拒否する」／raise「昇給」／broke「一文無しの」／shocked「ショックを受けて」／promotion「昇進」

解答 ［英作文・エクササイズ］1. polite / down / on　2. so / turned / offer　3. turned / down / roles　［書き換え・エクササイズ］1. I hate it when moviegoers forget to turn down the volume on their phones.（映画館で電話のボリュームを下げるのを忘れている人が大嫌いです。）　2. The employees that were on strike turned down the offer of a $1.00 raise.（ストライキを行っていた従業員たちは、1ドル昇給の提案を拒否しました。）　3. I turned down the invitation to go on a camping because I was broke.（お金がなかったので、キャンプに行く誘いを断りました。）　4. I was shocked when my coworker turned down the promotion.（同僚が昇進を拒否したのはショックでした。）

020 Turn up

意味① ／ raise the level of volume/light/heat
意味② ／ discover; reveal; locate; research
意味③ ／ appear; show up

turn upの基本的な意味はturn downの逆で、ダイヤルやボタン、スイッチなどを使って**「(音量を) 上げる」「(照明を) 明るくする」**。

このほかのイメージは考古学の研究などで「(土を) 掘り起こす (turning up dirt)」。そこからいくつかの意味が生じる。

ひとつは、なにかを探している状況で、「見つかる；出てくる」という意味だ。これは**なくした物を探していて「見つかる；見つける」、あるいは研究などの結果「発見される」といった文脈で用いられる。**

もうひとつは、**だれかが「(予期している場所に、あるいは逆に、予期されていない場所に) 現れる」**という意味だ。

シャドーイング・エクササイズ

▶ 音声を聞きながらシャドーイングしてみよう。

1. Please **turn up** the TV so I can hear it!
   聞こえるようにテレビの音量を上げて！
2. It's freezing in here! **Turn up** the heat(er)!
   この中は凍えるほど寒いですね！ ヒーターの温度を上げてください！
3. Don't worry about your lost wallet, I am sure it will **turn up**.
   なくなったお財布は心配しなくていいですよ、きっと出てきますから。
4. Not only did he **turn up** late for class, he forgot his homework.
   彼は授業に遅れて現れただけでなく、宿題も忘れてきました。
5. The police investigated the crime scene but didn't **turn up** any clues.
   警察は犯行現場を捜査しましたが、手掛かりはなにひとつ見つかりませんでした。

＊freezing「凍えるほど寒い」／wallet「財布」／Not only ..., (but) ...「…だけでなく…」／investigate「捜査する」／clue「手掛かり」

英作文・エクササイズ

▶ phrasal verbや他の語句を空所に入れ、日本語と同じ意味の英文を作ろう。

1. 午前中ずっと配管工を待っていましたが、現れませんでした。
   I waited _____ the plumber all morning, but he didn't _____ _____.

2. 彼らは結婚式に数十人の友人を招待しましたが、3人しか現れませんでした。
   They invited dozens of friends to their _______, but only three _______ up.

3. 記者は、首相が末期の病気であることの証拠を発見しました。
   The reporter _______ ____ evidence that the _______ _________ was terminally ill.

＊plumber「配管工」／invite「招待する」／evidence「証拠」／terminally ill「病気が末期の」

書き換え・エクササイズ

▶ 次の各センテンスをphrasal verbを使って書き換えよう。

1. Two of the competitors failed to appear for the race.

   ____

2. When the temperature reached 80 degrees, we elevated the AC.

   ____

3. Scientists claim an earth-like planet has been discovered in a nearby galaxy.

   ____

4. Do you think many people will show up for the office Christmas party?

   ____

＊competitor「選手；競技参加者」／fail to ...「…することに失敗する」／degree「(温度の）度」／80 degrees (Fahrenheit)「(華氏)80度」 摂氏約27度／elevate「上げる；引き上げる」／claim「主張する」／galaxy「銀河系」／show up「現れる」

[英作文・エクササイズ] 1. for / turn / up　2. wedding / turned　3. turned / up / prime / minister　[書き換え・エクササイズ] 1. Two of the competitors failed to turn up for the race.(ふたりの選手がレースに現れませんでした。)　2. When the temperature reached 80 degrees, we turned up the AC.(気温が80度に達したとき、エアコンを強くしました。)　3. Scientists claim an earth-like planet has been turned up in a nearby galaxy.(近くの銀河系で地球に似た惑星が見つかったと、科学者たちが主張しています。)　4. Do you think many people will turn up for the office Christmas party?(会社のクリスマスパーティーには人がたくさん来ると思いますか?)

021 Turn off

意味① ／extinguish something; cause a machine to stop operating
意味② ／make a turn (driving); exit a main roadway
意味③ ／feel or cause an intense dislike or distaste

turn「回す」＋ off「切れて；止まって」の形。turn offのもっとも基本的な意味は**「（機械・火などを）消す」「（機械などを）停止させる」**だ。これもスイッチやダイアルなどを「回して消す」イメージ。

また、**車や自転車などで走行中に「（細い道へ）曲がる」**ときにも、このturn offというフレーズが使える。

さらに、**心の火を消すイメージから「興味を失わせる；興ざめさせる」「嫌いにさせる」といった意味でも用いられる。**

ちなみに名詞のturnoffは「興味を削ぐもの；興ざめさせるもの」、「脇道」などの意味になる。

シャドーイング・エクササイズ　DL-021

▶ 音声を聞きながらシャドーイングしてみよう。

1. I got sleepy so I **turned off** the TV and went to bed.
   眠くなったので、テレビを消してベッドに入りました。
2. **Turn off** the grill! The steaks are burning!
   グリルの火を消して！ ステーキが焦げているよ！
3. **Turn off** here and travel west for ten kilometers.
   ここで曲がって、西に10キロ進みます。
4. I liked the food at the restaurant, but the dirty bathrooms **turned** me **off**.
   そのレストランの食事は気に入りましたが、汚いトイレにがっかりしました。
5. He is really handsome, but his bad teeth **turn off** a lot of women.
   彼はとてもハンサムですが、歯が悪いので多くの女性を興ざめさせてしまいます。

＊burn「焦げる；燃える」／travel「進む；走る」／dirty「汚い」

英作文・エクササイズ

▶ phrasal verb や他の語句を空所に入れ、日本語と同じ意味の英文を作ろう。

1. 彼女が蛇口を閉め忘れたので、床中水浸しになっています。
   She forgot to ______ _____ the tap and _______ is water all over the floor.

2. 白いソックスと暗い色の靴を履いている人を見ると、ほんとうに嫌になります。
   People who ______ white socks with dark shoes ________ ______ me off.

3. 16番出口で高速を降りて、弊社を示す標識に従ってください。
   ______ _____ the highway at exit 16 and ________ the signs to our office.

＊tap「蛇口」／exit「出口」／sign「看板；標識」

書き換え・エクササイズ

▶ 次の各センテンスを phrasal verb を使って書き換えよう。

1. Stop the engine! There is smoke coming out from under the hood!

   ____

2. The fire started because someone forgot to switch off their gas heater.

   ____

3. I think she is an attractive woman but her hard drinking disgusts me.

   ____

4. Exit the highway at the next opportunity.

   ____

＊hood「ボンネット」／gas heater「ガスストーブ」／attractive「魅力的な」／disgust「うんざりさせる」／opportunity「チャンス；機会」

解答
[英作文・エクササイズ] 1. turn / off / there　2. wear / really / turn　3. Turn / off / follow
[書き換え・エクササイズ] 1. Turn off the engine! There is smoke coming out from under the hood!（エンジンを切って！ ボンネットの下から煙が出ていますよ！）　2. The fire started because someone forgot to turn off their gas heater.（だれかがガスストーブを消し忘れたため、火事が起こりました。）　3. I think she is an attractive woman but her hard drinking turns me off.（彼女は魅力的な女性だと思いますが、大酒飲みなのにはうんざりします。）　4. Turn off the highway at the next opportunity.（次にチャンスがあったら高速を降りてください。）

022 Hang on

意味① ／ hold or grab on to something
意味② ／ keep or retain something
意味③ ／ wait for a short period of time

このフレーズは単語のイメージに素直な意味をもつためわかりやすい。

hangは「ぶら下がる」という意味だが、**hang onになると「なにかにつかまる；しがみつく；すがりつく；握りしめる」といった意味になる。**この意味のhang onは、hold on toやgrab on toなどと置き換えられる。

また、上記のイメージから発展して、**「なにかを手放さない；取っておく」という意味にもなる。金銭的に価値があったり、思い入れのある物を手放さないといった文脈でよく使われる。**ここまでのふたつの意味合いの場合には後ろにtoを伴って使われる。

もうひとつの意味は「待つ」だ。「電話を切らずに待つ」という意味で使われることもある。多くの場合、a second/secやa minuteなど「ちょっと」という意味の語句と組み合わせて使われる。

シャドーイング・エクササイズ DL-022

▶ 音声を聞きながらシャドーイングしてみよう。

1. **Hang on** to that rope and don't let go!
そのロープにしがみついて放さないで！

2. Please **hang on** to the handrail when the bus is in motion.
バスが動いているときは手すりにつかまってください。

3. I can't believe you've **hung on** to those photos!
その写真をまだ持っていたなんて信じられません！

4. He **hung on** to every comic book he ever bought.
彼はそれまでに買ったコミックスを全部取っていました。

5. **Hang on** a second and I'll be right with you.
ちょっと待ってくれたら、すぐにそっちに行きますよ。

＊let go「手放す」／handrail「手すり」／in motion「動いて」

英作文・エクササイズ

▶ phrasal verbや他の語句を空所に入れ、日本語と同じ意味の英文を作ろう。

1. ドライバーは断固とした決意で強くハンドルを握りしめました。
The driver ______ ______ ______ the steering wheel with grim determination.

2. 日本では家宝を取っておくのが一般的です。
In Japan it's common for people to ______ ______ ______ family heirlooms.

3. 待って、すぐに出かける準備ができますから。
______ ______, I'll be ready to leave in a ______ minutes.

＊grim「断固とした」／heirloom「家宝」

書き換え・エクササイズ

▶ 次の各センテンスをphrasal verbを使って書き換えよう。

1. The elderly woman clutched her purse and wouldn't let go.

____

2. The shipwreck survivors clung to debris to stay afloat.

____

3. The fan kept his signed baseball despite many offers to buy it.

____

4. Wait a minute. I'll go with you to the station.

____

＊clutch「しっかり握る」／shipwreck「難破事故」／survivor「生存者」／cling to ...「…にしがみつく」／debris「残骸；瓦礫」／afloat「浮かんで」／signed baseball「野球のサインボール」

解答
[英作文・エクササイズ] 1. hung / on / to　2. hang / on / to　3. Hang / on / few
[書き換え・エクササイズ] 1. The elderly woman hung on to her purse and wouldn't let go.(年配の女性はハンドバッグをしっかり握って放しませんでした。)　2. The shipwreck survivors hung on to debris to stay afloat.(難破事故の生存者たちは沈まないように残骸にしがみつきました。)　3. The fan hung on to his signed baseball despite many offers to buy it.(多くの購入の申し出にもかかわらず、そのファンは彼のサインボールを手放しませんでした。)　4. Hang on a minute. I'll go with you to the station.(ちょっと待って。駅まであなたといっしょに行きますよ。)

023 Hang out

意味① ／hang something outside (usually to dry)
意味② ／spend a lot of time in; frequent a certain place
意味③ ／socialize (idly) with friends

hang outの基本の意味は「外にぶら下げる；掲げる；（体・頭などを）出す」。もともと洗濯物を干すために洗濯紐に洋服を掛けることを意味していたが、すでにアメリカではその習慣はなくなっていて、家庭では乾燥機を利用している。

２番目の意味は**「特定の場所や店などで多くの時間を過ごす」。**この意味の使い方では、必ずそうではないが、ややネガティヴな意味合いが感じられる。もちろん単純に店などの常連であるという意味でも使われる。

さらに、**「（友人と）時間を過ごす」という意味もある。**この使い方では、**いっしょになにをするのか、目的を決めないまま過ごすというニュアンス**がある。日本語の「ぶらぶらする」に似ていると言えるだろう。

シャドーイング・エクササイズ

▶ 音声を聞きながらシャドーイングしてみよう。

1. Today should be sunny so we can **hang out** the laundry.
   今日は晴れるはずだから、洗濯物を外に干せます。
2. My dog loves to **hang** his head **out** the car window.
   私の犬は車の窓から頭を出すのが大好きです。
3. My classmates and I used to **hang out** in this arcade.
   クラスメートと私は、よくこのゲームセンターでぶらぶらしたものです。
4. Japanese businessmen tend to **hang out** with their coworkers.
   日本のビジネスマンは同僚とぶらぶらする傾向があります。
5. Let's **hang out** this Saturday if you are free.
   もし空いているなら、今度の土曜日いっしょに過ごしましょう。

＊laundry「洗濯物」／coworker「同僚」

英作文・エクササイズ

▶ phrasal verbや他の語句を空所に入れ、日本語と同じ意味の英文を作ろう。

1. ほとんどのアメリカ人は洋服を外に干す代わりに乾燥機を使います。
   Most Americans use dryers instead of ______ ______ their clothes.
2. ジョーはいつもあの角のバーに入り浸っています。
   Joe always ______ ______ ______ that bar on the corner.
3. 妻と私はこの週末友人と過ごすつもりです。
   My wife and I are going to ______ ______ ______ friends this weekend.

＊dryer「乾燥機」／corner「角」

書き換え・エクササイズ

▶ 次の各センテンスをphrasal verbを使って書き換えよう。

1. Put these towels out to dry while the weather is good.

   ____

2. The embassy displayed flags from the visiting nations.

   ____

3. High school students are always loitering in that park.

   ____

4. Now that I work full-time, I never get to spend time with my friends.

   ____

＊embassy「大使館」／loiter「ぶらつく」／work full-time「常勤で働く」

解答 [英作文・エクササイズ] 1. hanging / out　2. hangs / out / at　3. hang / out / with
[書き換え・エクササイズ] 1. Hang these towels out to dry while the weather is good.（お天気がいいうちに、このタオルを外干しして乾燥させてください。）　2. The embassy hung out flags from the visiting nations.（大使館は訪問国の旗を掲げました。）　3. High school students are always hanging out in that park.（高校生たちはいつもあの公園でぶらぶらしています。）　4. Now that I work full-time, I never get to hang out with my friends.（いまや常勤で働いているので、友だちと時間をすごく機会はまったくありません。）

024 Keep up

意味① ／ maintain pace with someone or something
意味② ／ protect something from harm, decay or destruction
意味③ ／ continue doing an activity or task

keepは「保つ」という意味の動詞だがupが加わることで多様な意味が生じる。

まず、**keep up with ... は「…と同じペースで進む；…についていく」**という意味。相手に言及しないときにはkeep upだけで表現する。

また**土地や家屋などを「管理する；整備する；維持する」**といった意味にもなる。

さらにonを加えて**keep up on ... とすると「…の最新情報・知識などを把握し続けている」「（学習や練習を行って）スキルを磨き続けている」**といった意味にもなる。

シャドーイング・エクササイズ

▶ 音声を聞きながらシャドーイングしてみよう。

1. Hurry up or you won't be able to **keep up** with them!
   急がないと彼らについていけませんよ！
2. Halfway through the semester I couldn't **keep up** and ultimately failed the class.
   学期の半ばでついていけなくなり、最終的に授業を落としました。
3. If this equipment is not **kept up** properly, it will be expensive to repair.
   この機器がしっかり整備されていなければ、修理に高額がかかりますよ。
4. Our neighbors spend a lot of time and money **keeping up** their garden.
   うちの近所の人は、庭の手入れにたくさんの時間とお金をかけています。
5. Are you **keeping up** on your Japanese?
   日本語の勉強は続けていますか？

＊hurry up「急ぐ」／halfway through ...「…の途中；半ば」／equipment「機器；備品；装備」／repair「修理する」／garden「庭」

英作文・エクササイズ

▶ phrasal verbや他の語句を空所に入れ、日本語と同じ意味の英文を作ろう。

1. 賃金の上昇はインフレについていけず、人々の消費が減少しています。
   ________ are failing to keep up _____ inflation, so people are spending ________.

2. 技術の進歩が急すぎてついていけません。
   Technology is changing _____ quickly I can't ________ _____.

3. ニュースはいつもとても重苦しいので、最新の出来事は把握していません。
   The news is always depressing so I haven't kept _____ _____ current events.

＊inflation「インフレ」／depressing「重苦しい」／event「出来事」

書き換え・エクササイズ

▶ 次の各センテンスをphrasal verbを使って書き換えよう。

1. Many elderly people are having trouble continuing their mortgage payments.

   ____

2. The young child couldn't maintain pace with the older children.

   ____

3. Our apartment building is popular because it is maintained beautifully.

   ____

4. As I get older, I no longer worry about staying up to date on current trends.

   ____

＊elderly「年配の」／mortgage「住宅ローン」／maintain「維持する」／no longer ...「もはや…ない」／trends「流行」

解答

[英作文・エクササイズ] 1. Wages / with / less　2. so / keep / up　3. up / on
[書き換え・エクササイズ] 1. Many elderly people are having trouble keeping up with their mortgage payments.（多くの年配の人々が、住宅ローン返済の継続に問題を抱えています。）　2. The young child couldn't keep up with the older children.（小さな子どもは大きな子たちについていけませんでした。）　3. Our apartment building is popular because it is kept up beautifully.（美しく整備されているので、うちのアパートは人気があります。）　4. As I get older, I no longer worry about keeping up on current trends.（歳を取ったので、もう最近の流行についていくことを気にしていません。）

025 Look out

意味①／look outside
意味②／be vigilant; be on one's guard; be careful
意味③／take care of someone; protect someone

lookの基本の意味は「見る」。look outの文字どおりの意味は「**（窓やドアなどを通して）外を見る**」だ。

さらにLook out! という命令文では「気をつけろ！」と差し迫った危険に対する注意喚起の表現になる。**look out（for）には「注意する」「警戒する」といった意味がある**ということだ。これが名詞化するとlookout「警戒」あるいは「見張り役」という意味の単語になる。

また、**look out for ... は「…の面倒を見る；世話をする」「…に目配りする；気を配る」「…を注意して探す」などの意味にもなる。**

シャドーイング・エクササイズ　DL-025

▶ 音声を聞きながらシャドーイングしてみよう。

1. Hearing a sound, the woman turned and **looked out** the window.
なにかの音を聞いて、女性は振り返り窓の外を見ました。

2. **Look out**! He has a knife!
気をつけて！あの人はナイフを持っています！

3. When you are traveling abroad, **look out** for pickpockets.
海外旅行するときは、スリに警戒してください。

4. My wife is always **looking out** for products on sale.
私の妻はいつも注意してセール品を探しています。

5. Good teachers are always **looking out** for their students.
よい教師はいつも生徒に気を配っているものです。

＊pickpocket「スリ」／on sale「安売りの」

英作文・エクササイズ

▶ phrasal verbや他の語句を空所に入れ、日本語と同じ意味の英文を作ろう。

1. 小さな男の子は、驚嘆のまなざしで窓の外の雪を見ました。
The young boy ________ ______ the window at the snow _____ amazement.

2. 日本で車を運転するときは、自転車に乗っている人に注意しなければなりません。
When driving in Japan, you _______ to _______ out for people on bicycles.

3. ツアーガイドは、中米への旅行中、私たちの世話をしてくれました。
Our tour guide looked ______ ______ us _________ out trip to Central America.

＊amazement「驚嘆」／tour guide「ツアーガイド」／Central America「中米」

書き換え・エクササイズ

▶ 次の各センテンスをphrasal verbを使って書き換えよう。

1. The doctor was always vigilant for signs of depression.

____

2. Watch for icy patches on the road.

____

3. The police warned people to be careful of forged bank notes.

____

4. Please take care of my dogs while I am on my business trip.

____

＊vigilant「油断のない；絶えず警戒して」／patch「部分」／forged bank note「偽札」／business trip「出張（旅行）」

解答

[英作文・エクササイズ] 1. looked / out / in　2. have / look　3. out / for / during
[書き換え・エクササイズ] 1. The doctor was always looking out for signs of depression.(その医師は常にうつ病の兆候に目を光らせていました。)　2. Look out for icy patches on the road.(道路の凍ったところに注意して。)　3. The police warned people to look out for forged bank notes.(警察は偽札に注意するように人々に警告しました。)　4. Please look out for my dogs while I am on my business trip.(出張中、私の犬の面倒を見てください。)

026 Go through

意味① ／ pass through; fit through
意味② ／ experience or endure something (bad)
意味③ ／ examine carefully; comb through
意味④ ／ use; consume

go throughの基本の意味は「（なにかを）通り抜ける」。さらに「突き抜ける」という意味もあって、**スポーツチームなどが予選を「突き抜け」、「通過」して決勝ラウンドに進む**ような場面で使われる。

また、**離婚や破産、厳しい病気など「（なにかの困難・試練などを）経験する」という意味にも**なる。

通り抜けて進むイメージから、さらに**「なにかを精査する」「細かく調べる」「くまなく調べる」**という意味も出てくる。これは通常、紙の資料など分量の多いものを調べるイメージが強い。

通過して最後まで進むことから、**「（大量のなにかを）使い果たす；消費する」**という意味にもなる。

シャドーイング・エクササイズ　DL-026

▶ 音声を聞きながらシャドーイングしてみよう。

1. I know you have **been through** a lot lately.
   最近あなたがたくさんの試練をしているのはわかっていますよ。
2. Four teams will **go through** to the semi-finals.
   4チームが準決勝に進みます。
3. The kidnapped journalists **went through** a lot during their ordeal.
   誘拐されたジャーナリストは、試練の中、多くの辛い体験をしました。
4. You should **go through** every page of that contract before you sign it.
   署名する前に契約書の全ページを精査すべきです。
5. At the convention, I **went through** 500 business cards in two days!
   コンベンションでは、2日で500枚の名刺を使い果たしました！

＊semi-finals「準決勝」／ordeal「辛い体験」／contract「契約」／business card「名刺」

英作文・エクササイズ

▶ phrasal verbや他の語句を空所に入れ、日本語と同じ意味の英文を作ろう。

1. そのふたりの有名人はひどい泥沼離婚の最中です。
The two _________ celebrities are ________ through a nasty __________.

2. 警察がアパートをくまなく調べ、多くの証拠を発見しました。
When police _______ __________ the apartment, they _________ a lot of evidence.

3. 当店の開店初日に、500箱の弁当がなくなりました。
We _______ through 500 ________ lunches the first day our store ________.

＊celebrity「セレブ」／nasty divorce「泥沼離婚」／evidence「証拠」／

書き換え・エクササイズ

▶ 次の各センテンスをphrasal verbを使って書き換えよう。

1. She had to endure three surgeries to fix her broken leg.
____

2. My friend struggled with a period of alcoholism after his wife died.
____

3. The residents combed through the wreckage of their homes after the tornado.
____

4. It's easy to spend $100 on a single night in New York City.
____

＊endure「苦しみなどに耐える」／struggle with ...「(困難などに) 奮闘する；苦労する」／alcoholism「アルコール依存症」／comb through ...「…をくまなく探す」／wreckage「残骸」／tornado「竜巻」

解答 [英作文・エクササイズ] 1. famous / going / divorce　2. went / through / found　3. went / boxed / opened　[書き換え・エクササイズ] 1. She had to go through three surgeries to fix her broken leg.(彼女は足の骨折の治療のために、3回の手術に耐えなければなりませんでした。)　2. My friend went through a period of alcoholism after his wife died.(奥さんが亡くなったあと、友人はアルコール依存症の苦しい時期を経験しました。)　3. The residents went through the wreckage of their homes after the tornado.(竜巻のあと、住民は家屋の残骸をくまなく探しました。)　4. It's easy to go through $100 on a single night in New York City.(ニューヨーク市では、ひと晩に100ドルを使い果たすのはかんたんです。)

027 Get along

意味① ／ like or have good relations with someone
意味② ／ continue or proceed successfully; survive

getには「手に入れる」「なる」などいろいろな意味がある。これがalong「…に沿って」と組み合わされたときには、ふたつの意味合いでおもに用いられる。

まず、**get along (with …) は、ふたりの人物間の関係がうまくいっている状態**を表し、「仲よくやる」「うまくやっている」という意味になる。ただし、**通常、性格などが合わないのに「（なんとか）うまくやっている」といったニュアンス**だ。

もうひとつのget alongの意味は、**人生やキャリアを「前に進む」「（なんとか）やっていく」。**これは多くの場合I can't get along without …「…なしにはやっていけない」のように否定文で用いられる。

シャドーイング・エクササイズ　DL-027

▶ 音声を聞きながらシャドーイングしてみよう。

1. I don't **get along** with my sisters.
   姉とはうまくやれていないんです。
2. My new coworker and I don't **get along**.
   新しい同僚と私はうまくいっていません。
3. I **get along** well with my neighbors, because we are the same age.
   同い年なので、ご近所とはうまくやっています。
4. I can't **get along** without a secretary.
   秘書がいなければやっていけません。
5. People can **get along** for days without food, but not without water.
   人は食べ物がなくても数日は生きていけますが、水なしには無理です。

＊coworker「同僚」／secretary「秘書」

英作文・エクササイズ

▶ phrasal verbや他の語句を空所に入れ、日本語と同じ意味の英文を作ろう。

1. 私と義理の母はまったくうまくいっていません。
   My ____________ and I don't ______ ________ at all.
2. 最高の選手が病気ですが、彼なしでなんとかやっていきます。
   Our best player is ______, but we will get _______ _________ him.
3. 新しい上司はおおらかな人で、楽に仲よくやっていけます。
   My new ______ is laid-back and easy to get _______ ______.

＊stepmother「義理の母」／laid-back「おおらかな；気軽な；のんびりした；くつろいだ」

書き換え・エクササイズ

▶ 次の各センテンスをphrasal verbを使って書き換えよう。

1. We used to be close friends, but we don't have a good relationship anymore.

   ____

2. The retired couple couldn't survive on their pension, so they worked part-time.

   ____

3. We are trying to resolve our difference and be friends.

   ____

4. I don't know how we will manage if this recession continues.

   ____

＊relationship「関係」／pension「年金」／resolve「解決する」／recession「不景気」

解答 ［英作文・エクササイズ］1. stepmother / get / along　2. sick / along / without　3. boss / along / with　［書き換え・エクササイズ］1. We used to be close friends, but we don't get along anymore.（以前は親友でしたが、もはや私たちはうまくいっていません。）　2. The retired couple couldn't get along on their pension, so they worked part-time.（引退した夫婦は年金で生活していけなかったので、パートの仕事をしました。）　3. We are trying to resolve our difference and get along.（お互いの違いを乗り越えて、仲よくやるように努力しています。）　4. I don't know how we will get along if this recession continues.（この不景気が続けば、どうやって生き残ればいいのかわかりません。）

028 Call on

意味① ／ request an answer from a student
意味② ／ request a task from a subordinate
意味③ ／ visit someone at their home or office

callは「呼ぶ；電話する」という意味の動詞だが、call onではいくつかの意味が出てくる。

まず、学校の生徒に対して先生が**「（指名して答えや発言、行動などを）求める；要求する」**という意味の使い方がある。もちろん、先生と生徒と以外でも、上司と部下などの上下関係がある場合に同じ意味で使うことができる。

少し頻度は落ちるが、**上司が部下に仕事を「依頼する」、あるいは同僚などに「（助けや協力）を求める」**という意味でも使われる。

しかし、call onのもっともよく知られている用法は「（だれかを）訪問する」という意味だろう。**通常相手の家を訪問するという意味だが、オフィスなどの訪問に関しても使われる。**ちなみに、callerとするとvisitor「訪問者」の意味になる。

シャドーイング・エクササイズ　DL-028

▶ 音声を聞きながらシャドーイングしてみよう。

1. Several students raised their hands, and the teacher **called on** Johnny.
   数人の生徒が挙手して、先生はジョニーに発言を求めました。

2. The president **called on** me to head the LA branch of our company.
   会社のロサンゼルス支社を指揮するように、社長が私に依頼しました。

3. We decided to **call on** our neighbors when we heard they were sick.
   病気だと聞いて、お隣さんを訪問することにしました。

4. It is not polite to **call on** someone unannounced.
   事前連絡なしに、だれかを訪問するのは不躾です。

5. After the attack, the country **called on** their allies for help.
   攻撃のあと、その国は同盟国に助けを求めました。

＊president「社長」／branch「支社」／unannounced「事前連絡なしに」／ally「同盟国」

英作文・エクササイズ

▶ phrasal verb や他の語句を空所に入れ、日本語と同じ意味の英文を作ろう。

1. 先生は数人の生徒にクラスの前に出てくるよう求めました。

The teacher _________ _____ several students to come to the _______ of the class.

2. 販売部門で働いていたときは、よく1日に5、6人の顧客を訪問していました。

_______ I worked in sales, I would often _______ _____ five or six customers per day.

3. 地方自治体のリーダーは市民に冷静を保つよう協力を求めました。

Local government leaders _________ on citizens to _________ calm.

＊per day「1日に」／local government「地方自治体」／calm「冷静な；平静な」

書き換え・エクササイズ

▶ 次の各センテンスを phrasal verb を使って書き換えよう。

1. Why don't you visit your parents while you are in town?

____

2. As soldiers, it is important to do whatever is needed when requested.

____

3. The surgeon paid a visit to his patient at home two weeks after the operation.

____

4. The shareholders demanded the CEO to be fired after the scandal.

____

＊soldier「兵士」／request「要求する」／surgeon「外科医」／shareholder「株主」／fire「解雇する」

[英作文・エクササイズ] 1. called / on / front　2. When / call / on　3. called / remain
[書き換え・エクササイズ] 1. Why don't you call on your parents while you are in town?(町にいる間にご両親を訪問してはどうですか?)　2. As soldiers, it is important to do whatever is needed when called on.(兵士として、要求されれば必要なことならなんでも行うことが重要です。)　3. The surgeon called on his patient at home two weeks after the operation.(外科医は手術の2週間後に患者の家を訪れました。)　4. The shareholders called on the CEO to be fired after the scandal.(スキャンダルのあと、株主たちはCEOの解雇を求めました。)

029 Count on

意味① / rely on/depend on/trust someone or something
意味② / imagine/consider something certain to happen
意味③ / anticipate a particular event or condition (negative)

countは「数える」という意味。I can count on my fingers the times ... has happened. と表現すると、「…が起こったのは指を折って数えられる程度だ」→「…はあまり起こらない」という意味になる。このあたりからcount onに**「当てにする；頼りにする；頼りにして任せる；信頼する；信用する」**といった意味が出てきたのだろう。

Count on it. だと「任せて；当てにしていいよ；約束するよ」という意味の決まり文句になるが、これは**「なにかが確実に起こると考える」という意味合いのcount onの肯定の文脈での用法。**

また、Don't count on it. だと「それは当てにならない；そうなることは期待できない」という決まり文句だが、これは**「(なにかが起こると) 予想しない」という意味になる否定文での用法だ。**

シャドーイング・エクササイズ

▶ 音声を聞きながらシャドーイングしてみよう。

1. You can **count on** me to be at work on time.
   私は時間どおりに仕事に来ると約束します。
2. I'm **counting on** you to help me with this.
   あなたがこれを手伝ってくれるのを当てにしていますよ。
3. We didn't **count on** so many people showing up to the party.
   パーティーにとても多くの人が来るとは予想していませんでした。
4. I didn't **count on** being stuck in a traffic jam.
   交通渋滞に巻き込まれるとは予想していませんでした。
5. I'll be there, you can **count on** it.
   必ず行きますよ。間違いなく。

＊on time「時間どおりに」／traffic jam「交通渋滞」

英作文・エクササイズ

▶ phrasal verbや他の語句を空所に入れ、日本語と同じ意味の英文を作ろう。

1. バーのオーナーはマネージャーを信頼できなかったのでクビにしました。
The bar owner fired his manager ________ he couldn't ________ _____ her.

2. 御社の継続的な協力を頼りにできることを期待しています。
We hope we can ________ on your continued ____________.

3. こんなに寒い気候になるとは予想していませんでした。
I ________ ________ _____ the weather being this cold.

＊continued「継続的な」

書き換え・エクササイズ

▶ 次の各センテンスをphrasal verbを使って書き換えよう。

1. You can always rely on Tom to be honest.
____

2. Don't anticipate many people participating in the election.
____

3. You can always depend on my help if you need it.
____

4. Readers trust journalists to report the news without bias.
____

＊anticipate「期待する；予期する」／depend on ...「…に頼る」／bias「偏見；先入観」

解答 [英作文・エクササイズ] 1. because / count / on 2. count / cooperation 3. didn't / count / on [書き換え・エクササイズ] 1. You can always count on Tom to be honest.(いつだってトムの正直さは信頼できますよ。) 2. Don't count on many people participating in the election.(多くの人が選挙に参加するなんてことは、当てになりませんよ。) 3. You can always count on my help if you need it.(必要なら、いつでも私の手助けに頼ってください。) 4. Readers count on journalists to report the news without bias.(ジャーナリストが偏見なしにニュースをレポートしていることを読者は信用しています。)

030 Check out

意味①／look at something
意味②／investigate in detail; prove truthful
意味③／pay the bill at; leave a hotel or supermarket

check outはCheck that out!「ほら、あれを見て！」のように、注意を引くものにだれかの視線を移動させたいときに使う場合がもっとも頻度が高い。これは**「注目する」**という意味でのcheck outの使い方だ。

またcheck outは**「チェックする」「調べる」「調べて評価する」**といった意味合いもある。さらに転じて**「細かく審査する」「精査する」**などの意味での使い方も生じた。これは、人の経歴や素行、発言、物事の状況などを精査する場面でよく使われる。加えて**「精査を通過する」「精査が裏づけられる」「（精査の）結果が現実と一致する；正確である」**という意味での使い方もある。

またcheck outは**「ホテルからチェックアウトする」**という意味にもなる。これはかつてホテルが部屋を調べて問題なければ精算して宿泊客に帰ってもらう方式だったことに由来すると思われる。またホテルと同様に、スーパーでの精算にもcheck outは用いられる。

シャドーイング・エクササイズ　DL-030

▶ 音声を聞きながらシャドーイングしてみよう。

1. **Check out** that awesome Mercedes!
   あのすごいメルセデスを見て！

2. **Check out** these low prices!
   この低価格をご覧ください！

3. The police **checked out** his story.
   警察は彼の話を精査しました。

4. The company **checked out** his resume and found he had lied.
   その会社は彼の履歴書を詳しく調査し、彼が嘘をついていたことがわかりました。

5. We have to **check out** of the hotel by 10:00 am.
   午前10時までにはホテルをチェックアウトしなければなりません。

＊awesome「すごい」／resume「レジメ；履歴書」／lie「嘘をつく」

英作文・エクササイズ

▶ phrasal verb や他の語句を空所に入れ、日本語と同じ意味の英文を作ろう。

1. 消防士たちを見ようと、群衆が事故現場に集まりました。

   ________ gathered at the scene of the accident to ________ ______ the firefighters.

2. スーパーで精算をするのに、数時間行列に並ばねばなりませんでした。

   I ______ to wait in _______ for hours in order to ________ out at the supermarket.

3. データを検証しようとしましたが、一致しませんでした。

   When I ________ to verify the data, it _________ ______ out.

   ＊gather「集まる」／scene「現場」／wait in line「行列に並ぶ」／verify「検証する」

書き換え・エクササイズ

▶ 次の各センテンスをphrasal verbを使って書き換えよう。

1. Look at the weird haircut that guy has!

   ____

2. Electricians were called to investigate the power failure.

   ____

3. The witness withdrew their testimony after their statements didn't prove true.

   ____

4. We paid the hotel a $20 fee so that we could leave late.

   ____

＊weird「奇妙な；変な；気味の悪い」／electrician「電気技師」／power failure「停電」／witness「証人」／testimony「証言」／statement「供述；陳述」／fee「料金」

解答 [英作文・エクササイズ] 1. Crowds / check / out　2. had / line / check　3. tried / didn't / check　[書き換え・エクササイズ] 1. Check out the weird haircut that guy has!（あの人のおかしな髪型を見て！）　2. Electricians were called to check out the power failure.（停電を調査するために電気技師たちが呼ばれました。）　3. The witness withdrew their testimony after their statements didn't check out.（証言が裏づけられなかったので、証人は証言を取り下げました。）　4. We paid the hotel a $20 fee so that we could check out late.（遅くチェックアウトできるように、ホテルに20ドルの料金を支払いました。）

031 Put up

意味① ／ erect, build or set in place (often in an elevated position)
意味② ／ provide housing (bed) for someone
意味③ ／ endure/tolerate something/someone unpleasant

put upのもっとも一般的な用法は、利用されたり見られたりできるように、なにかをどこかに**「置く；設置する；掲示する」**という意味での使用だ。例えば、電柱や塀などに行方不明のネコのポスターなどを設置したりする場面で使える。さらに、**ビルなどの高い建物を「建てる；建築する」**という意味での使い方もある。

またput upは**宿に困っている人などを「宿泊させる；宿を貸す；泊める」**という意味にもなる。

最後にput upにwithを加えたput up withだが、これは**鬱陶しいあるいは不快な状況や人物に接している場面で「耐える；我慢する」**という意味になる。

シャドーイング・エクササイズ　DL-031

▶ 音声を聞きながらシャドーイングしてみよう。

1. We just finished **putting up** our Christmas lights.
   ちょうどクリスマスのライトを飾り終えたところです。
2. We **put up** our tent just before dark.
   ちょうど暗くなる前にテントを設置しました。
3. We **put** the travelers **up** for the night during the snowstorm.
   吹雪の間、旅行者にひと晩宿を貸しました。
4. I can't **put up** with the sound of crying babies.
   赤ちゃんの泣き声に我慢ができないんです。
5. My boss doesn't **put up** with tardiness.
   うちの上司は遅刻には寛容ではありません。

＊snowstorm「吹雪」／tardiness「遅刻」

英作文・エクササイズ

▶ phrasal verbや他の語句を空所に入れ、日本語と同じ意味の英文を作ろう。

1. ボランティアたちは旅行者のために英語の看板を設置しました。
   The volunteers ______ ______ signs in __________ for tourists.
2. 家が洪水に襲われたとき、友人が数週間泊めてくれました。
   My friend ______ ______ ______ for several weeks when my house was flooded.
3. あなたは、どうしたらうるさい隣人に耐えられるの？
   _______ can you ______ ______ with your noisy neighbors?!

＊sign「看板；掲示板」／flood「水浸しにする」／noisy「騒がしい；うるさい」

書き換え・エクササイズ

▶ 次の各センテンスをphrasal verbを使って書き換えよう。

1. The developers plan to erect a 20-story hotel on the beach.

   ____

2. I am not going to tolerate that type of behavior!

   ____

3. The farmer housed the family for the night after their car broke down.

   ____

4. His wife divorced him because she wouldn't tolerate his gambling.

   ____

＊erect「建てる」／tolerate「我慢する；大目に見る」／divorce「離婚する」

解答
[英作文・エクササイズ] 1. put / up / English　2. put / me / up　3. How / put / up
[書き換え・エクササイズ] 1. The developers plan to put up a 20-story hotel on the beach.（宅地造成業者はビーチに20階建てのホテルの建築を計画しています。）　2. I am not going to put up with that type of behavior!（私はあの種の態度には我慢はしませんよ。）　3. The farmer put the family up for the night after their car broke down.（自動車が壊れたあと、農家の人がその家族にひと晩宿を貸してくれました。）　4. His wife divorced him because she wouldn't put up with his gambling.（彼のギャンブル癖に我慢できなかったので、妻は彼と別れたのです。）

032 Come in

意味①／enter an area, room or house
意味②／be available for purchase
意味③／place in a competition

come「来る」＋ in「中へ」ということから、come inは**外から家屋、部屋などの中に「入る」**という意味が基本だ。ノックしては中に入っていいかたずねてきた人にはCome in.「どうぞ入って」と返事をするが、このときの用法だ。

また、**ある場所（オフィスなど）やイベントに「到着する」「来る」**という意味の用法もある。

商品などに関しては**「…の形で売られている」あるいは「入荷する」**という意味で使う場合もある。これは、店頭で色違いやサイズ違いの商品のあるなしをたずねる場面などで使われる。

また競技のゴール順などを示す場面で、**come in 1st (place)「1位でゴールする」のような形の使い方もある。**

シャドーイング・エクササイズ　DL-032

▶ 音声を聞きながらシャドーイングしてみよう。

1. Please **come in**, Tim.
   お入りください、ティム。
2. I didn't hear you **come in** last night.
   昨晩、あなたが帰ってきた音は聞こえませんでした。
3. Does this coat **come in** extra-large?
   このコートはXLサイズで売っていますか？
4. The new PS11 game consoles **came in** last night.
   新しいPS11のゲームコンソールが昨晩入荷しました。
5. I **came in** last at the company golf outing.
   会社のゴルフコンペでビリになりました。

＊extra-large「（サイズの）XL」／console「本体；制御台」／golf outing「ゴルフコンペ」

英作文・エクササイズ

▶ phrasal verbや他の語句を空所に入れ、日本語と同じ意味の英文を作ろう。

1. 中に入ってコーヒーでもいかがですか？
   Would you ______ to ______ ____ for a cup of coffee?

2. 人手不足なので、土曜に（オフィスに）来てもらう必要があるのです。
   We are short-________ so I need you to ______ in (to the office) on Saturday.

3. 今日の携帯電話は、あらゆる形とサイズで売られています。
   Cellphones today ______ ____ all ________ and sizes.

＊short-handed「人手不足の」／cellphone「携帯電話」

書き換え・エクササイズ

▶ 次の各センテンスをphrasal verbを使って書き換えよう。

1. No one showed up to work because of the hurricane.

   ____

2. These sofas are available in several different styles and sizes.

   ____

3. The plane from Tokyo arrived three hours behind schedule.

   ____

4. The least-favorite horse finished in 2nd place in the Grand Prix race.

   ____

＊hurricane「ハリケーン」／available「入手可能な」／behind schedule「予定より遅れて」／least-favorite「もっとも人気のない」

解答
［英作文・エクササイズ］1. like / come / in　2. handed / come　3. come / in / shapes
［書き換え・エクササイズ］1. No one came in to work because of the hurricane.（ハリケーンのため、だれもオフィスに来ませんでした。）　2. These sofas come in several different styles and sizes.（このソファーはいくつかのスタイルとサイズで売られています。）　3. The plane from Tokyo came in three hours behind schedule.（東京からの飛行機はスケジュールに3時間遅れて到着しました。）　4. The least-favorite horse came in 2nd place in the Grand Prix race.（もっとも人気の低い馬が、グランプリレースで2位になりました。）

033 Come back

意味① ／ return to a particular place
意味② ／ recover from a difficult situation
意味③ ／ win (a competition) from behind

come backの基本的な意味は、**離れている人や物が特定の場所に「戻ってくる；帰ってくる」。**相手がいるところに戻るので、英語ではgo backではなく、come backを用いる。

また、**「元の状態に戻る」という含意から「（重い病気などから）回復する；復活する」という意味にもなる。**

さらに、**「悪い状況から盛り返す；生還する；逆転する」**といった意味にもなる。スポーツの話題などでよく登場する使い方だ。

make a comeback「復活する；再起する」という名詞形での使い方もある。

シャドーイング・エクササイズ　DL-033

▶ 音声を聞きながらシャドーイングしてみよう。

1. My son left home and never **came back**.
   息子は家を出て、二度と戻ってきませんでした。
2. Hold this bag for me until I **come back**.
   戻ってくるまでこのカバンを持っていてください。
3. The island's economy never **came back** after the earthquake.
   その島の経済は地震のあと二度と復活しませんでした。
4. That famous singer **came back** from throat cancer.
   あの有名歌手は咽喉ガンから再起しました。
5. The Giants **came back** from a 3-run deficit.
   ジャイアンツは3点差の劣勢から逆転しました。

＊economy「経済」／earthquake「地震」／throat「喉」／deficit「劣勢」

英作文・エクササイズ

▶ phrasal verbや他の語句を空所に入れ、日本語と同じ意味の英文を作ろう。

1. 除籍された学生たちは二度とキャンパスに戻ってこないように言われました。
The __________ students were told never to _______ _______ to the campus again.

2. そのスター投手は懸命に努力してケガから立ち直りました。
The star pitcher worked _______ to come _______ from his injuries.

3. マツヤマは最終位から復活してマスターズで勝利を勝ち取りました。
Matsuyama _______ _______ from last ________ to win the Masters.

＊expelled「除籍された；放校処分になった」／injury「ケガ」／Masters「マスターズ・トーナメント」毎年アメリカのジョージア州オーガスタで開催される権威あるゴルフ・トーナメント。

書き換え・エクササイズ

▶ 次の各センテンスをphrasal verbを使って書き換えよう。

1. He begged his girlfriend to return to him, but she wasn't interested.

____

2. It took years for the economy to recover after the pandemic.

____

3. The Japanese national soccer team was down 4-0 but somehow rallied to win.

____

4. The disgraced politician returned the next year and won the election.

____

＊return「戻る」／pandemic「パンデミック」／rally「挽回する；回復する」／disgraced「信用を失った；失脚した」／election「選挙」

解答 [英作文・エクササイズ] 1. expelled / come / back 2. hard / back 3. came / back / place [書き換え・エクササイズ] 1. He begged his girlfriend to come back to him, but she wasn't interested.（彼は彼女に戻ってきてくれと頼みましたが、彼女には興味がありませんでした。） 2. It took years for the economy to come back after the pandemic.（パンデミック後に経済が回復するのには何年もかかりました。） 3. The Japanese national soccer team was down 4-0 but somehow came back to win.（日本サッカーのナショナルチームは4－0で負けていましたが、なんとか盛り返して勝ちました。） 4. The disgraced politician came back the next year and won the election.（失脚した政治家は、翌年再起して選挙に勝利しました。）

034 Bring up

意味① ／ mention or say something
意味② ／ raise/rear a child

bring upは、文脈によってふたつの別の意味合いが生じる。

ひとつは**会話などである話題を「口に出す」**こと。別の語で置き換えるならmention「話に出す；言及する」だ。**bring up the subject/topic/matter/issue of ...「…という話題・トピック・問題・件／問題・争点をもち出す」のような使い方が多い。**言いにくい問題などがある場面でよく使われる傾向にある。

bring upのもうひとつの意味は**子どもなどを「育てる」。**be brought up in＋［場所・環境］「…で育てられる」、be brought up to do「…するように育てられる」がよく使うパターンだ。

シャドーイング・エクササイズ　DL-034

▶ 音声を聞きながらシャドーイングしてみよう。

1. At the next managers' meeting, I am going to **bring up** the matter of overtime.
   次のマネージャー会議で残業の問題をもち出すつもりです。
2. During my annual review, the boss **brought up** the matter of my tendency to be late to work.
   年次考課で、上司は私の遅刻傾向の話題をもち出しました。
3. I was **brought up** in Osaka but moved to Tokyo when I entered college.
   大阪で育てられましたが、大学に入学するときに東京に引っ越しました。
4. I was **brought up** to believe that people shouldn't be judged by their color.
   人は肌の色の違いで判断されるべきではないと考えるように育てられました。
5. Young children today are **brought up** very differently than my generation.
   最近の若い子どもたちは私の世代とは非常に異なった育てられ方をされています。

＊overtime「残業」／annual「年１回の；例年の」／tendency「傾向」

英作文・エクササイズ

▶ phrasal verbや他の語句を空所に入れ、日本語と同じ意味の英文を作ろう。

1. 多くのアメリカ人は、キリスト教の家で育てられています。
Many Americans are ________ up in ____________ homes.

2. 同僚との飲み会では、政治的な話を出したくありませんでした。
When I was drinking with __________, I didn't want to _______ up
_____________.

3. 多くの現代の若者は正しく育てられていません！
Many of today's young people are not ________ ________ up ____________!

＊politics「政治」／right「正しく」

書き換え・エクササイズ

▶ 次の各センテンスをphrasal verbを使って書き換えよう。

1. I've just joined the company, so it's too early to ask for a raise.

____

2. I was raised in a very small town.

____

3. After his wife died, he never mentioned her name.

____

4. My parents taught me to respect elderly people.

____

＊raise「昇給」／mention「言及する」／respect「尊敬する；敬う」

解答 ［英作文・エクササイズ］1. brought / Christian 2. coworkers / bring / politics 3. being / brought / right ［書き換え・エクササイズ］1. I've just joined the company, so it's too early to bring up a raise.（私は入社したばかりで、昇給を申し出るのは早すぎます。） 2. I was brought up in a very small town.（私は非常に小さな町で育てられました。） 3. After his wife died, he never brought up her name.（妻が亡くなったあと、彼は二度と彼女の名を口にしませんでした。） 4. My parents brought me up to respect elderly people.（私は両親によってお年寄りを敬うように育てられました。）

035 Wait on

意味① ／wait for someone/something to arrive
意味② ／serve someone at a restaurant; attend to someone

wait onのひとつ目の意味は「待つ」だ。**「なにか、あるいはだれかが現れる、あるいは到着するのを待つ」といった状況で用いられる。**

またwait onはだれかに**「仕える；奉仕する；世話をする」**という意味にもなる。かつては召使いのいる裕福な家庭で用いられていたはずだが、**現在はレストランやバーなどで、客に「応対する；接客する；仕える；給仕する」といった意味で用いられる。**

waiter「ウェイター」、waitress「ウェイトレス」という言葉もここに由来する。

シャドーイング・エクサイズ

▶ 音声を聞きながらシャドーイングしてみよう。

1. I can't **wait on** you any longer!
   もうこれ以上あなたを待っていられません！
2. The old man **waited on** the bus at the bus stop.
   老人はバス停でバスを待っていました。
3. We are still **waiting on** instructions from our client.
   私たちはまだクライアントからの指示を待っています。
4. The waitress who **waited on** us was cheerful and polite.
   私たちを接客してくれたウェイトレスは明るく親切でした。
5. The server was busy **waiting on** four tables at once.
   給仕係は忙しく一度に4つのテーブルに対応していました。

＊instructions「指示」／client「顧客」

英作文・エクササイズ

▶ phrasal verb や他の語句を空所に入れ、日本語と同じ意味の英文を作ろう。

1. 建設チームは作業を続ける前に、改訂された設計図を待たねばなりませんでした。
The construction crew had to ________ ______ revised blueprints before they could continue.

2. 何時間も配管工を待ちましたが、彼はまったく現れず電話もよこしませんでした。
We __________ _____ the plumber ______ hours, but he never came or called.

3. バーテンは客が未成年だったため、給仕を拒否しました。
The bartender ________ to ______ on the customer because he was ________.

＊crew「チーム」／revised「改訂された」／blueprint「設計図；青写真」／plumber「配管工」

書き換え・エクササイズ

▶ 次の各センテンスをphrasal verbを使って書き換えよう。

1. The pilot delayed the plane's takeoff to accommodate the connecting passenger.

____

2. The waiter wouldn't serve me because I was underage.

____

3. The astronauts postponed the spacewalk as they awaited further instructions.

____

4. The hikers had to wait for the weather to clear before starting to climb.

____

＊accommodate「受け入れる；収容する」／connecting passenger「乗り継ぎ客」／postpone「延期する」／spacewalk「宇宙遊泳」

解答

[英作文・エクササイズ] 1. wait / on　2. waited / on / for　3. refused / wait / underage
[書き換え・エクササイズ] 1. The pilot delayed the plane's takeoff to wait on the connecting passenger.(パイロットは乗り継ぎの乗客を待つために飛行機の離陸を遅らせました。)　2. The waiter wouldn't wait on me because I was underage.(私が未成年だったので、ウェイターは私に給仕しようとしませんでした。)　3. The astronauts postponed the spacewalk as they waited on further instructions.(さらなる指示を待ちながら、宇宙飛行士たちは宇宙遊泳を延期しました。)　4. The hikers had to wait on the weather to clear before starting to climb.(ハイカーたちは、登り始める前に天気の回復を待たねばなりませんでした。)

036 Make out

意味①／detect/comprehend using the senses of sight or hearing
意味②／proceed or deal with a task or activity successfully
意味③／write/fill in information (a check, bill or invoice etc.)

ここではmake outの意味のおもなものを3つ取り上げて見ていく。

最初の意味は**「(なにかをはっきりと) 理解する；見分ける；聞き分ける」など理解、判別に関するものだ。**can't make out「理解できない」と否定の形で用いられるか、can barely make out「やっと理解できる；見分けられる；判読できる；判別できる」のような形で用いられることが多い。

もうひとつは**「(テストや競争などで) 結果を出す；成功する；うまくやる；うまくやっている」といった日本語に相当する使い方**だ。How did you make out with your test?「試験はうまくいった？」のような疑問での使用が一般的だ。

3番目は**「(フォームを) 埋める」「(文書などを) 作成する」「(なんらかの情報を) 書き上げる」**といった意味での用法だ。技術的な文書や財政に関する文書などに使われることが多い。

シャドーイング・エクササイズ　DL-036

▶ 音声を聞きながらシャドーイングしてみよう。

1. I couldn't **make out** what he said due to the loud music.
   音楽がうるさかったので、彼が言ったことが聞こえませんでした。
2. I could just **make out** Mt. Fuji through the fog.
   霧の間からかろうじて富士山を見分けられました。
3. We **made out** okay in our first round of competition.
   1回目のコンペはまあまあうまくいきました。
4. How did your son **make out** on his entrance exams?
   息子さんの入試はうまくいきましたか？
5. Please **make out** a receipt in the name of "Tanaka Inc."
   タナカ株式会社の名前で領収書を作ってください。

＊just「かろうじて；なんとか」／competition「コンペ」／entrance exam「入学試験」／receipt「レシート；領収書」

英作文・エクササイズ

▶ phrasal verbや他の語句を空所に入れ、日本語と同じ意味の英文を作ろう。

1. この電話番号は判読できません。手書きが読みにくいんです。

I can't ________ ________ this phone number, the ________________ is illegible.

2. 今年は株の調子はどうでしたか？

How did you ________ ________ ________ the stock market this year?

3. 寄贈者は1万ドルの小切手を切りました。

The ________ ________ out a check in the amount of $10,000.

＊illegible「読みにくい；判読しづらい」／stock market「株式市場」／check「小切手」／in the amount of ...「…の額の」

書き換え・エクササイズ

▶ 次の各センテンスをphrasal verbを使って書き換えよう。

1. We could barely see the Sky Tree Tower because of all the smog.

____

2. I couldn't comprehend the meaning of the letter because it was in French.

____

3. How did our lawyers do in the negotiations?

____

4. The old man wrote a will leaving all his money to charity.

____

＊barely ...「ほとんど…ない；かろうじて…する」／comprehend「理解する」／will「遺書」

解答 [英作文・エクササイズ] 1. make / out / handwriting 2. make / out / with 3. donor / made [書き換え・エクササイズ] 1. We could barely make out the Sky Tree Tower because of all the smog.(スモッグだらけだったのでスカイツリーはほとんど見えませんでした。) 2. I couldn't make out the meaning of the letter because it was in French.(フランス語だったので、手紙の意味がわかりませんでした。) 3. How did our lawyers make out in the negotiations?(うちの弁護士は交渉ではうまくやりましたか？) 4. The old man made out a will leaving all his money to charity.(その老人は全財産をチャリティーに残す旨の遺書を書きました。)

037 Cut off

意味① ／ cut a portion of something with a knife
意味② ／ stop the power (electricity) to a machine
意味③ ／ interrupt or impede someone's speech or progress

「切断する；切る」という意味がcutの基本だ。cutにoff「離す」が加わることで、**なにかの一部を完全に「切り落とす」**というニュアンスになる。

さらに、この「切り落とす」という意味から転じて**「（機械の電源などを）切る」**という意味でも使われるようになった。turn offにも「電源を切る」という意味があるが、**cut offのほうが事故を防ぐといったなんらかの事情で意図的に電源を切るというニュアンスが強い。**cut offは、故障などで**「稼働がストップする」**という意味でも用いられる。

3番目の用法は「人の話の流れを切る」場面での使い方。この用法では、**「（話を）中断させる；中断する；遮る」といった意味になる。**また車などの**「行く手を遮る」「進行を遮る」**という意味の用法もある。

シャドーイング・エクササイズ　DL-037

▶ 音声を聞きながらシャドーイングしてみよう。

1. You should **cut off** the skin before cooking that fish.
   その魚は調理する前に皮を切り取るべきです。
2. **Cut off** the engine before it overheats!
   オーバーヒートする前にエンジンを切ってください！
3. They **cut off** the computer before the virus could spread.
   ウイルスが広がる前に、彼らはコンピューターを切りました。
4. The storm **cut off** our power.
   嵐によって停電が起きました。
5. The reporter **cut** the politician **off** in mid-sentence.
   レポーターは発言の途中で政治家の言葉を遮りました。

＊overheat「オーバーヒートする」／spread「広がる；拡散する」／in mid-sentence「発言の途中で」

英作文・エクササイズ

▶ phrasal verbや他の語句を空所に入れ、日本語と同じ意味の英文を作ろう。

1. 建設作業員は誤って彼の指を切り落としました。
The construction ________ accidentally ______ ______ his finger.

2. 請求書の支払いを忘れたので、水道会社に水道を止められました。
The utility company ______ off my water because I ________ _____ pay the bill.

3. ほかの車が私の車を遮ったため事故が起きました。
The ________ happened because another car ______ _____ off.

＊construction「建築；工事」／accidentally「誤って」／utility company「公共設備企業」水道・ガス・電気などを供給する企業。

書き換え・エクササイズ

▶ 次の各センテンスをphrasal verbを使って書き換えよう。

1. The gardener carefully sliced off several roses from the bush.
____

2. The kidnappers suddenly stopped all communication with the police.
____

3. The famous actor shaved off all of his hair because of a bet.
____

4. The manager was demoted for interrupting the CEO during the meeting.
____

＊slice off「切り離す」／kidnapper「誘拐犯」／shave off「剃り落とす」／demote「降格させる」／interrupt「妨げる；邪魔をする」

解答
[英作文・エクササイズ] 1. worker / cut / off　2. cut / forgot / to　3. accident / cut / me
[書き換え・エクササイズ] 1. The gardener carefully cut off several roses from the bush.（庭師は茂みから何本かのバラを注意深く切り取りました。）　2. The kidnappers suddenly cut off all communication with the police.（誘拐犯たちは突然警察とのすべての連絡を中断しました。）　3. The famous actor cut off all of his hair because of a bet.（賭けのせいでその有名俳優は髪を全部切り落としました。）　4. The manager was demoted for cutting off the CEO during the meeting.（会議中にCEOの話を遮ったため、そのマネージャーは降格になりました。）

038 Run into

意味① / enter a building or area while running

意味② / bump into; hit someone or something while in motion (walking or in a vehicle)

意味③ / meet someone by accident (unplanned)

run intoは**「…の中に駆け込む」**が直訳で、これが基本の意味だ。ビルなど特定のエリアに速いスピードで、あるいは慌てて、急いで入ることを意味する。

また、run intoは、自動車などのコントロールができなくなった場面で、ほかの自動車や固定物などに**「ぶつかる；ぶち当たる」**という意味でも用いられる。もちろん**「人と人が物理的にぶつかる」という意味にもなるし、また「人がなんらかの障害にぶつかる；陥る」といった比喩的な使い方もなされる。**

また、run intoの「ぶつかる」という意味が「出くわす」という意味にも拡大され、**「偶然だれかに出会う」**という意味でも用いられる。

シャドーイング・エクササイズ　DL-038

▶ 音声を聞きながらシャドーイングしてみよう。

1. The bicyclist was looking at his phone and **ran into** a wall.
   自転車に乗っていた人が携帯電話を見ていて壁にぶつかりました。
2. The old woman **ran into** a telephone pole with her car.
   年老いた女性が自動車で電柱に追突しました。
3. I **ran into** the car in front of me because of the icy roads.
   道路が凍結していたので、私は前にいた車にぶつかりました。
4. I **ran into** your mother at the supermarket today.
   今日偶然スーパーであなたのお母さんに会いました。
5. The pilot **ran into** trouble trying to land in the storm.
   パイロットは嵐の中で着陸しようとしてトラブルに陥りました。

＊bicyclist「自転車に乗っている人」／icy「凍結した」

英作文・エクササイズ

▶ phrasal verb や他の語句を空所に入れ、日本語と同じ意味の英文を作ろう。

1. 急いでちょっと銀行にお金を預けに行きます。
   I'm just going to ______ _______ the bank to _______ a deposit.

2. 酔った運転手は、電話ボックスに衝突し（車で）走り去りました。
   The _______ driver ______ into a phone booth and ______ away.

3. 共通の友人の結婚式で、男性は偶然、元の妻に出くわしました。
   The man ______ _______ his ex-wife at the __________ of a mutual friend.

＊make a deposit「預金する」／phone booth「電話ボックス」／ex-wife「前妻；元の妻」／mutual「共通の」

書き換え・エクササイズ

▶ 次の各センテンスを phrasal verb を使って書き換えよう。

1. The traffic light malfunctioned, and two cars crashed into each other.

   ____

2. The bus driver had a heart attack and struck a group of pedestrians.

   ____

3. The programmers encountered problems with the new operating system.

   ____

4. I unexpectedly met my old college professor I hadn't seen in decades.

   ____

＊malfunction「機能不全になる」／pedestrian「歩行者」／encounter「遭遇する」

解答 ［英作文・エクササイズ］1. run / into / make　2. drunk / ran / drove　3. ran / into / wedding　［書き換え・エクササイズ］1. The traffic light malfunctioned, and two cars ran into each other.（信号が誤作動して、2台の車が衝突しました。）　2. The bus driver had a heart attack and ran into a group of pedestrians.（バスの運転手が心臓発作を起こし、歩行者のグループに追突しました。）　3. The programmers ran into problems with the new operating system.（プログラマーは新しいOSでトラブルに陥りました。）　4. I ran into my old college professor I hadn't seen in decades.（何十年も会っていなかった昔の大学教授に偶然出くわしました。）

039 Drop out

意味① ／ quit school or college prematurely
意味② ／ give up participating in something due to difficulties

dropの基本的な意味は「落とす；落ちる」。drop outとなると意味はかなり狭くなる。

まず、**途中でなにかの活動や働きをやめる**場面での用法がある。使用頻度がもっとも高いのは、学生が**大学や高校を「中途退学する」**という意味での使い方だ。

また、**コンペを途中で降りたり、プロジェクトを途中で投げ出したりする**場面でもこのdrop outを使うことが可能だ。drop outする原因としては、トラブルや困難、敗北などさまざまなことが考えられる。

上記のいずれの用法でも、ofを付加して、**drop out of ...「…をやめる；…から退く；…を降りる」の形で使われることも多い。**

シャドーイング・エクササイズ　DL-039

▶ 音声を聞きながらシャドーイングしてみよう。

1. My son **dropped out** of college after the first year.
   息子は1年目を終えたところで大学を中退しました。
2. More high-school students are **dropping out** of school than ever before.
   これまで以上に多くの高校生たちが中途退学しています。
3. The mayor **dropped out** of the political race.
   市長は選挙戦を放棄しました。
4. The star athlete injured his foot and had to **drop out** of the competition.
   そのスター選手は足にケガを負い、競技から離れねばなりませんでした。
5. If you **drop out** now, you can't rejoin the team later.
   いま抜けたら、あとでチームに再び参加することはできません。

＊than ever before「これまで以上に」／mayor「市長」／competition「競技」／rejoin「再参加する」

英作文・エクササイズ

▶ phrasal verbや他の語句を空所に入れ、日本語と同じ意味の英文を作ろう。

1. 学校を中退した十代の若者は雇用先を見つけるのに苦労します。
   Teenagers who _______ ____ ____ school have difficulty finding employment.

2. 病気の母の世話をするために大学を中退しました。
   I __________ out of college to _______ _______ of my ailing mother.

3. コストが上がったため、その企業は入札を降りました。
   The company _________ out _____ the bidding due _____ rising costs.

＊employment「雇用」／ailing「病気の；病弱の」／bidding「入札」

書き換え・エクササイズ

▶ 次の各センテンスをphrasal verbを使って書き換えよう。

1. Teenage pregnancy is a huge reason many girls quit high school.

   ____

2. The swimmer started to cramp and gave up in the middle of the race.

   ____

3. The presidential candidate threw in the towel after the scandal was reported.

   ____

4. I canceled my life insurance policy because I couldn't afford it.

   ____

＊pregnancy「妊娠」／quit「辞める」／cramp「痙攣を起こす」／in the middle of ...「…の途中で」／presidential candidate「大統領候補」／throw in the towel「降参する」／life insurance「生命保険」／afford「支払う余裕がある」

解答

[英作文・エクササイズ] 1. drop / out / of 2. dropped / take / care 3. dropped / of / to [書き換え・エクササイズ] 1. Teenage pregnancy is a huge reason many girls drop out of high school.（ティーンの妊娠は、多くの少女が高校を中退する大きな原因となっています。） 2. The swimmer started to cramp and dropped out in the middle of the race.（その水泳選手は痙攣が起こったのでレースの途中で棄権しました。） 3. The presidential candidate dropped out after the scandal was reported.（スキャンダルの報道がなされたあと、その大統領候補は選挙戦を降りました。） 4. I dropped out of my life insurance policy because I couldn't afford it.（お金が支払えなかったので、私は生命保険をやめました。）

040 Come up with

意味① ／ grow, learn or participate together
意味② ／ think of/devise an idea or suggestion
意味③ ／ (be able to) provide something (money)

come up withには「…といっしょにある場所に到達する」という元の意味から転じて、**「(長年)…とともに学ぶ；成長する；同じ釜の飯を食う；同じ経歴をもつ」**といった意味合いがある。この意味は、同級生や仕事の同期などに関する話題でよく使われるが、ほとんどの場合、過去形での使用となる。

come upには**「思い浮かぶ；思いつく」という意味もあり、come up with an answer「答えが思い浮かぶ；思いつく」「答えを考え出す」のようにも使える。**答えのみに限らず「提案」「アイデア」などが後ろにくる場合も多い。

また、お金と関連して、**「(ある一定額のお金を) 工面する；用意する」**という意味での使用法もある。

シャドーイング・エクササイズ

▶ 音声を聞きながらシャドーイングしてみよう。

1. Her brother and I **came up with** each other in the Army.
   彼女の兄弟と私は軍隊で同じ釜の飯を食べた仲です。
2. The student **came up with** a brilliant idea.
   その生徒はすばらしいアイデアを思いつきました。
3. Can you **come up with** an answer to the problem?
   その問題の答えを出せますか？
4. I wanted to buy a car but couldn't **come up with** the money.
   自動車を買いたかったのですが、お金を工面できませんでした。
5. The scientists **came up with** a theory.
   科学者たちはひとつの理論を思いつきました。

＊brilliant「すばらしい」／theory「理論」

英作文・エクササイズ

▶ phrasal verbや他の語句を空所に入れ、日本語と同じ意味の英文を作ろう。

1. 社長と副社長は、長年、社内でともに成長してきました。
The president and ________-president ________ ______ with each other in the company.

2. それがあなたが思いつくベストな言い訳ですか？！
Is that the ________ excuse you can come ________ ________?!

3. 資金を工面できなかったので、休暇をキャンセルしなければなりませんでした。
We had to cancel our vacation __________ we couldn't ________ ______ with the funds.

＊excuse「言い訳」／fund「資金」

書き換え・エクササイズ

▶ 次の各センテンスをphrasal verbを使って書き換えよう。

1. The new board member did not have the same background as the others.

____

2. The doctors rushed to think of a diagnosis.

____

3. The quiz show contestant couldn't provide the correct answer.

____

4. The bank foreclosed on my house because I couldn't pay the mortgage.

____

＊background「経歴」／rush to ...「慌てて…する」／diagnosis「診断」／contestant「(競技などの) 出場者」／foreclose on...「…を抵当流れ処分にする；差し押さえる」／mortgage「住宅ローン」

解答
[英作文・エクササイズ] 1. vice / came / up　2. best / up / with　3. because / come / up
[書き換え・エクササイズ] 1. The new board member did not come up with the others.(新たな取締役はほかの取締役連とは異なる経歴をもっています。)　2. The doctors rushed to come up with a diagnosis.(医師たちは急いで診断を考えようとしました。)　3. The quiz show contestant couldn't come up with the correct answer.(クイズ番組の出演者は正解を思いつくことができませんでした。)　4. The bank foreclosed on my house because I couldn't come up with the mortgage.(住宅ローンを工面できなかったので、銀行が私の家を差し押さえました。)

Chapter

2

ネイティブがお勧めする Phrasal Verbs 40

—

Recommended Phrasal Verbs 40

041 Put off

意味① / postpone or delay something
意味② / cause a feeling of revulsion or distaste

putは「物体を置く」が基本の意味だが、put offは物理的ではない意味合いで用いられる。

offは「外れて；離れて；逸れて」などの意味をもつため、**put offでは「(なんらかのイベントやスケジュールなどを) 延期する；順延する；先送りにする」**といった意味が出てくる。put offには、時折、怠惰によって先延ばしにするというニュアンスが含まれる場合もある。

put offには、もうひとつ、**「興味を失わせる；気を削ぐ；意欲を削ぐ」「不快にさせる；うんざりさせる」など、人をネガティヴな感情にする意味合いでの用法がある。**これはturn off「興味を失う；嫌いになる」と似た意味合いだが、put offのほうが気持ちの強度は劣る。

シャドーイング・エクササイズ　DL-041

▶ 音声を聞きながらシャドーイングしてみよう。

1. Tomorrow's meeting has been **put off** until next Monday.
   明日の会議は今度の月曜まで延期になりました。
2. Let's **put off** our honeymoon until next year.
   ハネムーンは来年まで延期にしましょう。
3. Don't **put off** your doctor's appointment any longer.
   これ以上お医者さんに行くのを先送りにしてはいけません。
4. The smell of natto **puts** me **off**.
   納豆のにおいにはうんざりさせられます。
5. Bad hygiene **puts** most women **off**.
   不潔さはほとんどの女性を不快にさせます。

＊appointment「(医者の) 予約」／smell「におい」／hygiene「衛生」

英作文・エクササイズ

▶ phrasal verbや他の語句を空所に入れ、日本語と同じ意味の英文を作ろう。

1. 災害のため、結婚式を遅らせなければなりませんでした。
We ______ to ______ ______ our wedding ceremony because of the disaster.

2. もうすぐ30歳なのでもう赤ん坊を産むのを先延ばしにはできません。
I am almost 30; I _______ ______ _____ having a baby any longer!

3. 彼の傲慢さが人に不快感を与えはしますが、彼はとてもいい人なんです。
His arrogance _______ people ______ but he's a really _______ guy.

＊disaster「災害」／arrogance「傲慢さ；横柄さ」

書き換え・エクササイズ

▶ 次の各センテンスをphrasal verbを使って書き換えよう。

1. The company picnic has been postponed due to inclement weather.

____

2. Many students procrastinate on their homework until the last minute.

____

3. The idea of eating horse meat disgusts most Americans.

____

4. The high cost of living keep me from moving to NYC.

____

＊inclement「荒れ模様の」／procrastinate「わざと遅らせる」／until the last minute「土壇場まで」／cost of living「生活費」

Chapter 2 ネイティブがお勧めする Phrasal Verbs 40

解答 ［英作文・エクササイズ］1. had / put / off　2. can't / put / off　3. puts / off / nice　［書き換え・エクササイズ］1. The company picnic has been put off due to inclement weather.（会社のピクニックは悪天候によって延期になりました。）　2. Many students put off their homework until the last minute（多くの生徒が宿題を最後の土壇場まで先延ばしにします。）　3. The idea of eating horse meat puts most Americans off.（馬肉を食べるという考えには多くのアメリカ人が不快感を感じます。）　4. The high cost of living put me off moving to NYC.（生活費が高いので、ニューヨークに引っ越すことに興味がなくなりました。）

042 Take care of

意味① ／watch over/care for/aid someone or something
意味② ／deal with/finish a task or problem

take care ofの中心となっているcareは「介護；世話；配慮」などの意味をもつ語だ。

take care ofになると「世話をする；大事にする」という意味になるが、これは花に水をやることから病人に薬を飲ませることまで、幅広いシーンで用いられる。treat「手当てする」、care for「世話をする」、attend to「看護する；世話をする」、look after「世話をする；面倒を見る」などが類似表現だ。

次に**「（問題や仕事に）対処する；取り組む」あるいは「（仕事を）引き受ける；担当する」**といった意味での使い方がある。この使い方は多くの場合、Could you take care of that for me?「私のためにそれを処理してもらえますか？」あるいはI took care of that problem.「その問題は私が処理しておきました」のように依頼や要求、報告などの文脈で使われる。

シャドーイング・エクササイズ

▶ 音声を聞きながらシャドーイングしてみよう。

1. He has to **take care of** his sick mother.
   彼は病気の母の世話をしなければなりません。
2. Can you **take care of** my dog while I'm gone?
   私がいない間、犬の世話をしてもらえますか？
3. If you don't **take care of** your teeth, you will regret it.
   歯を大事にしないと、後悔しますよ。
4. We have to **take care of** this problem right now.
   私たちはすぐにこの問題に対処しなければなりません。
5. I'll **take care of** the vacuuming; you wash the clothes.
   私が掃除機をかけるのを引き受けますから、あなたは洗濯をしてください。

＊regret「後悔する」／vacuum「掃除機で掃除する」

英作文・エクササイズ

▶ phrasal verbや他の語句を空所に入れ、日本語と同じ意味の英文を作ろう。

1. 私たちがいない間は、義理の両親が子どもたちの面倒を見てくれます。
   My in-laws are going to _______ _______ _____ the kids while we are gone.
2. 隣人はよく庭の手入れをしていて、庭が1年中すばらしいんです。
   Our neighbors _______ ________ care of their yard; it looks great all year ________.
3. これらの未払いの請求書を処理しなくてはなりません。
   We need to ______ ______ of these outstanding invoices.

＊in-laws「義理の両親；姻戚」／outstanding invoice「未払いの請求書」

書き換え・エクササイズ

▶ 次の各センテンスをphrasal verbを使って書き換えよう。

1. She couldn't afford to care for her dog, so she gave it away.

   ____

2. After the bus accident, the doctors struggled to tend to the many injured.

   ____

3. One of our customers is calling; I will handle it.

   ____

4. My wife and I look after her aging mother.

   ____

＊give away「手放す」／accident「事故」

解答 [英作文・エクササイズ] 1. take / care / of　2. take / good / round　3. take / care
[書き換え・エクササイズ] 1. She couldn't afford to take care of her dog, so she gave it away.（彼女は犬の世話を焼くお金が出せなかったので手放しました。） 2. After the bus accident, the doctors struggled to take care of the many injured.（バスの事故のあと、医師たちは多くのケガ人の世話に奮闘しました。） 3. One of our customers is calling; I will take care of it.（顧客のひとりが電話をかけてきていますので、私が対処しますね。） 4. My wife and I take care of her aging mother.（妻と私で、妻の年老いた母の面倒を見ています。）

043 Take on

意味① ／accept or acquire
意味② ／hire; employ
意味③ ／compete against

takeの基本的な意味は「持っていく」だが、take onになるとほぼ真逆の**「受け入れる；引き受ける」**という意味になる。これは追加の責任や役職、仕事、その他のチャレンジを受け入れる場面で多く用いられる。

また、これに類似するが**「（人を）雇う；採用する」「（人を）迎え入れる」**という意味にもなる。これは特にパート労働者の雇用に関しての使用が多い。

さらに、自動車などの乗り物に関して使われると、**「（人を）乗せる」「（荷物・燃料などを）積み込む」**という意味にもなる。

もうひとつの際立った使い方は、だれかあるいはなんらかの存在と**「対戦する；対決する；争う；対抗する」**という意味での用法だ。この用法は、スポーツはもちろんビジネスや交渉のシーンなどでも使われる。

シャドーイング・エクササイズ　DL-043

▶ 音声を聞きながらシャドーイングしてみよう。

1. I am too busy to **take on** any more work.
   忙しすぎて、これ以上の仕事は引き受けられません。
2. The bus stopped to **take on** more passengers.
   バスはさらに多くの乗客を乗せるために停車しました。
3. The restaurant **took** him **on** as a sous-chef.
   レストランは彼を副料理長として採用しました。
4. The Swallows will **take on** the Giants in the Japan series.
   スワローズは日本シリーズでジャイアンツと対戦します。
5. The young attorneys were eager to **take on** a difficult case.
   その若い弁護士たちは、難しい案件を引き受けることに熱心でした。

＊passenger「乗客」／sous-chef「副料理長」／attorney「弁護士」

英作文・エクササイズ

▶ phrasal verbや他の語句を空所に入れ、日本語と同じ意味の英文を作ろう。

1. 国際線を飛んでいる飛行機は、もはや余分の燃料を積み込む必要はありません。
Planes flying international routes no ________ need to _______ _____ extra fuel.

2. 前の四半期に、弊社では40名の新しい営業スタッフを採用しました。
Our company _______ on forty new salespeople _______ quarter.

3. ルーキーのプロゴルファーは、プレーオフで彼の師と戦わなければなりませんでした。
The rookie pro golfer ______ _____ _______ on his mentor in the playoff.

＊fuel「燃料」／quarter「四半期」／mentor「指導教官；師；助言者」

書き換え・エクササイズ

▶ 次の各センテンスをphrasal verbを使って書き換えよう。

1. The train was full to capacity and couldn't accept any more passengers.

____

2. Only the new employees were willing to accept the thankless positions.

____

3. I'm sorry but our company is not hiring any new people right now.

____

4. The old man faced the young punks and thrashed them with his cane.

____

＊thankless「割に合わない；感謝されない」／position「地位；役職」／hire「雇用する」／punk「非行少年」／thrash「激しく打つ；叩く」／cane「杖」

解答
[英作文・エクササイズ] 1. longer / take / on　2. took / last　3. had / to / take
[書き換え・エクササイズ] 1. The train was full to capacity and couldn't take on any more passengers.（電車は満員でそれ以上の乗客は乗せられませんでした。） 2. Only the new employees were willing to take on the thankless positions.（新入社員だけが、割に合わない職務を引き受けることを厭いませんでした。） 3. I'm sorry but our company is not taking on any new people right now.（恐縮ですが、現在弊社では新しい人を採用しておりません。） 4. The old man took on the young punks and thrashed them with his cane.（その老人は若い非行少年たちに対峙し、彼らを杖で打ちました。）

044 Catch on

意味① ／understand
意味② ／become popular

catch自体の意味は「(動いている物を) 捕まえる；取る」。また「だれかが言ったことを聞き取る；理解する」という意味にもなる。

catch on (to) も「理解する；気づく」という意味だが、**なんらかの隠れた意味や重要性などに少し時間がかかって、あるいは多少の苦労を伴って「気づく；理解する」**というニュアンスで用いられる。

またcatch onは**広く人気の出た商品や活動などに関して「人気を博す」「流行する」といった意味でも用いられる。**ちなみに、catch on fireは「急激に燃え広がる；火がつく」という意味の決まり文句だ。

シャドーイング・エクサイズ

▶ 音声を聞きながらシャドーイングしてみよう。

1. Kenta is always the last one to **catch on** to my jokes.
   ケンタはいつもいちばん最後に私の冗談を理解するんです。
2. You have to practice, and then you will **catch on**.
   あなたは練習の必要があります。そうすれば（重要なことに気づいて）できるようになりますよ。
3. The mohawk hairstyle **caught on** in the early 80's
   モヒカン刈りは80年代初頭に大流行しました。
4. Japanese anime is **catching on** in the United States.
   アメリカでは日本のアニメに火がつきつつあります。
5. That is an interesting game, but it will never **catch on**.
   あれはおもしろいゲームですが、絶対に流行はしませんよ。

＊mohawk hairstyle「モヒカン刈り」

英作文・エクササイズ

▶ phrasal verbや他の語句を空所に入れ、日本語と同じ意味の英文を作ろう。

1. 外国人だったので、彼女にはそのジョークを理解しませんでした。
   ________ a foreigner, she didn't ________ _____ to the joke.
2. いったんこの技術を理解したら、あなたはもっと成功するでしょう。
   _________ you ________ on to this technique, you will be _______ successful.
3. この新たなファッション・トレンドがヨーロッパ中で人気を博しています。
   This new fashion trend is ___________ _____ ______ across Europe.
   ＊trend「トレンド；流行」／all across ...「…中で；…の至るところで」

書き換え・エクササイズ

▶ 次の各センテンスをphrasal verbを使って書き換えよう。

1. At first, I didn't grasp what the pilot was saying.
   ____
2. She is a bright student, and very quick to comprehend.
   ____
3. Surprisingly, recently shogi is becoming popular among young people.
   ____
4. That car model was popular in Japan but never sold well elsewhere.
   ____

＊grasp「把握する」／comprehend「理解する」

解答 ［英作文・エクササイズ］1. Being / catch / on　2. Once / catch / more　3. catching / on / all　［書き換え・エクササイズ］1. At first, I didn't catch on to what the pilot was saying.（最初はパイロットの言葉が理解できませんでした。）　2. She is a bright student, and very quick to catch on.（彼女は賢い生徒で、非常に理解が早いのです。）　3. Surprisingly, recently shogi is catching on among young people.（驚いたことに、最近、将棋は若者たちの間で流行しつつあります。）　4. That car model was popular in Japan but never caught on elsewhere.（あの車種は日本で人気がありましたが、ほかの国では決して流行しませんでした。）

045 Go on

意味① ／ take place; happen; occur
意味② ／ continue doing; proceed forward

onには「続いて；どんどん；継続して」と継続の意味合いがある。**go onにも継続の意味が含まれているため「進み続ける」「…を継続する」という意味でよく使われる。**Go on. とすれば「続けて」と相手を励まして促す言い方になる。また**go on to ... の形で「進み続けて…に至る」という意味**でも用いられる。

また、ここから転じて「継続してなにかが起こっている」というニュアンスでも用いられる。「起こる；発生する」という意味の用法だ。この意味でよく使われるフレーズには**What's going on?「なにが起こっている→最近どう?」**があるが、これはWhat's happening?「最近どう？」と同じ意味合いで用いられている。

シャドーイング・エクササイズ　DL-045

▶ 音声を聞きながらシャドーイングしてみよう。

1. I rushed outside to see what was **going on**.
   なにが起こっているのか見るために、急いで外に飛び出しました。
2. A robbery was **going on** in the bank.
   銀行で強盗が発生していました。
3. I couldn't see what was **going on** because of the smoke.
   煙のため、なにが起こっているのかわかりませんでした。
4. She grew up poor but **went on** to become a multi-millionaire.
   彼女は貧しい家庭で育ちましたが、その後、億万長者になりました。
5. The recession will **go on** until the exchange rate improves.
   為替レートが改善するまで不景気は続くでしょう。

＊rush「急いで行く」／grow up poor「貧しい暮らしの中で成長する」／multi-millionaire「億万長者」／exchange rate「為替レート」

英作文・エクササイズ

▶ phrasal verbや他の語句を空所に入れ、日本語と同じ意味の英文を作ろう。

1. 躓きながらも、交渉は続いています。
   The ______________ are ________ _____ despite the setbacks.

2. どうぞ続けて…もっと教えてください。
   Please _____ _____ ... tell me _______.

3. ハワイに到着する前に、ロサンゼルスで乗り継ぎの待ち合わせがあります。
   We have a layover in Los Angeles before ________ _____ _____ Hawaii.

＊setback「躓き；挫折」／layover「乗り継ぎの待ち合わせ」

書き換え・エクササイズ

▶ 次の各センテンスをphrasal verbを使って書き換えよう。

1. What is all that noise?! What is happening in there!?

   ____

2. With everything that's been happening, I didn't have time to tell you.

   ____

3. That rookie pitcher is going to advance to become one of the greatest ever.

   ____

4. The boring lecture felt like it continued for days.

   ____

＊rookie「ルーキー」／advance「進む；進歩する」／lecture「講義」

解答 [英作文・エクササイズ] 1. negotiations / going / on 2. go / on / more 3. going / on / to [書き換え・エクササイズ] 1. What is all that noise?! What is <u>going on</u> in there!?(あの騒音はなに?! あの中でなにが起こっているの?!) 2. With everything that's been <u>going on</u>, I didn't have time to tell you.(一連の出来事で、あなたにお話しする時間がありませんでした。) 3. That rookie pitcher is going to <u>go on</u> to become one of the greatest ever.(あのルーキーの投手はこれまででも最高の投手のひとりになるでしょう。) 4. The boring lecture felt like it <u>went on</u> for days.(退屈な講義で、何日も続くように感じました。)

046 Go out

意味①／go outside; leave one's house
意味②／extinguish; stop functioning
意味③／date someone; see someone romantically

go「行く」とout「外へ」の組み合わせから、**基本の意味は「家を出る；外に出る；出かける」など**になる。目的を加える場合はgo out for ... や go out to do ... と表現すればよい。

2番目の意味合いはやや想像しづらいが、**「(照明などが) 消える」「(機械などが) 故障する；停止する」**。継続的に稼働しているものが急にストップする状態を表す。

3番目の意味は**「つき合う」「デートする」**。デートは外に出かけることから、こういった意味合いになったものと考えられる。だれとデートするのかつき合っているのかを表したい場合は、**go out with ...「…とデートする；つき合う」**を使えばよい。

シャドーイング・エクササイズ　DL-046

▶ 音声を聞きながらシャドーイングしてみよう。

1. My coworkers and I **went out** for dinner.
   同僚たちと私は夕食に出かけました。

2. My wife and I **went out** to do some shopping.
   妻と私は少々買い物をしに出かけました。

3. The lights **went out** during the thunderstorm.
   雷雨の間に照明が消えました。

4. Our Wi-Fi **went out**, so we couldn't use the internet.
   Wi-Fiが切れたため、インターネットを使えませんでした。

5. He and his wife started **going out** in high school.
   彼と妻は高校時代につき合い始めました。

＊coworker「同僚」／thunderstorm「雷雨」

英作文・エクササイズ

▶ phrasal verbや他の語句を空所に入れ、日本語と同じ意味の英文を作ろう。

1. 出かける前に、確実に警報器をセットしてください。

_____ sure you set the security alarm before ________ ______.

2. 車のブレーキが故障して停止できませんでした。

The car brakes _______ out and I ___________ stop.

3. 彼女につき合ってくれと頼みましたが、彼女は拒みました。

I asked her to _____ ______ _______ me, but she refused.

＊security alarm「警報器（のアラーム）」／refuse「拒否する；断る」

書き換え・エクササイズ

▶ 次の各センテンスをphrasal verbを使って書き換えよう。

1. Don't leave without taking your umbrella; it's pouring rain.

____

2. Are you interested in having some drinks after work?

____

3. We had to use candles when the power was interrupted.

____

4. Our department manager used to date the president's daughter.

____

＊pouring rain「土砂降り（の雨）」／interrupt「一時中断する」

解答 ［英作文・エクササイズ］1. Be / going / out　2. went / couldn't　3. go / out / with
［書き換え・エクササイズ］1. Don't go out without taking your umbrella; it's pouring rain.（傘を持たずに出かけないで。土砂降りですよ。）　2. Are you interested in going out for some drinks after work?（仕事のあとで飲みにいきませんか？）　3. We had to use candles when the power went out.）（電気が止まったとき、ロウソクを使わねばなりませんでした。）　4. Our department manager used to go out with the president's daughter.（うちの部長はかつて社長の娘とつき合っていました。）

047 Run out

意味①／hurry outside a room or area
意味②／use up; come to an end; expire
意味③／abandon or desert someone

文字どおりの意味合いはrun「走る」＋ out「外へ」なので、**run outで「外へ走り出る」**となる。走り出てくる場所を指定する場合ofを加えればよい。

outには「尽きる；なくなる」という意味もあるため、**run out ofには「…がなくなる；尽きる」という意味もある。**例えばrun out of timeなら「時間がなくなる」、run out of beerなら「ビールがなくなる」となる。進行形にしてbe running out of ... とすると「なくなりつつある」状態を表す。ちなみに、類似表現にはrun low on ...「…が少なくなる」もある。

ofの代わりにonを用いて**run out on ... とすると「（人を）放置する；見捨てる」「（人から）逃げ出す」という意味になる。**

シャドーイング・エクササイズ　DL-047

▶ 音声を聞きながらシャドーイングしてみよう。

1. The people **ran out** of the office buildings during the earthquake.
地震の最中、人々はオフィスビルから外へ駆け出しました。

2. I couldn't finish the test because I **ran out** of time.
時間がなくなって、試験を終えられませんでした。

3. I bought some more milk in case we **run out**.
なくなったときに備えてもうちょっと牛乳を買いました。

4. The baby's father **ran out** on us before he was born.
その赤ちゃんの父親は、その子が生まれる前に私たちを見捨てました。

5. I would never **run out** on you in a time of need.
必要なときには、決して君を見捨てたりはしません。

＊earthquake「地震」

英作文・エクササイズ

▶ phrasal verb や他の語句を空所に入れ、日本語と同じ意味の英文を作ろう。

1. その企業は資本金が尽きて倒産しました。

The company ______ ______ of capital and went bankrupt.

2. 女性は泣きながら病室を飛び出しました。

The woman ______ ______ of the hospital room in ________.

3. 私がガンの診断を受けると、彼氏は私を見捨てました。

My boyfriend ran ______ _____ _____ after I was diagnosed with cancer.

＊capital「資本金；資産」／go bankrupt「倒産する」／diagnose with ...「…と診断する」

書き換え・エクササイズ

▶ 次の各センテンスを phrasal verb を使って書き換えよう。

1. The reporters rushed out of the office when the story broke.

____

2. The hikers consumed all of their drinking water the first day.

____

3. If we don't conserve more, we are going to run low on energy.

____

4. Our accountant deserted us after embezzling thousands of dollars.

____

＊rush out「急いで外に出る」／break「報道される；公表される」／consume「消費する」／conserve「節約する」／accountant「会計士」／embezzle「横領する；着服する」

解答 ［英作文・エクササイズ］1. ran / out　2. ran /out / tears　3. out / on / me　［書き換え・エクササイズ］1. The reporters ran out of the office when the story broke.（そのニュースが報道されると、レポーターたちはオフィスから駆け出しました。）　2. The hikers ran out of (their) drinking water the first day.（ハイカーたちの飲み水は初日になくなりました。）　3.If we don't conserve more, we are going to run out of energy.（もっと節約しないとエネルギーがなくなってしまいます。）　4. Our accountant ran out on us after embezzling thousands of dollars.（何千ドルも横領したあと、会計士は私たちのもとから逃げ出しました。）

048 Wake up

意味① ／ stop sleeping; become awake
意味② ／ become aware/conscious of something

wake upは「（眠りから）目を覚ます；目が覚める」。「（他人を）目覚めさせる」という意味でも用いられる。ちなみに「モーニングコール」のことはwake-up callと表現される。

日本語でも「急に現実に目覚める」といった表現があるが、英語のwake upにも同じ意味がある。この**「急に気づいていなかったことに気がつく」という意味の用法では、「危険・問題などに目覚める」といった文脈で用いられることが多い。**また、wake up to the fact that ...「…という事実に気づく；目覚める」のような形での使用頻度が高い。

Wake up!「目を覚ませ！」という命令文は、相手が現実逃避している場面での注意喚起によく使われる。

シャドーイング・エクササイズ　DL-048

▶ 音声を聞きながらシャドーイングしてみよう。

1. The baker **wakes up** at 4 am every day.
   パン屋さんは毎日午前4時に目を覚まします。

2. I **woke up** 15 minutes late and missed my bus.
   15分遅く目覚めたのでバスを逃しました。

3. I **woke up** this morning with a stiff neck.
   今朝目覚めると首が凝っていました。

4. After smoking for years, he finally **woke up** to the dangers and quit.
   何年も喫煙したあと、ついに彼は危険に気づき（喫煙を）やめました。

5. She needs to **wake up** and change her lifestyle.
   彼女は目を覚まして生活様式を変える必要があります。

＊stiff neck「肩凝り；首の凝り」／lifestyle「ライフスタイル；生活様式」

英作文・エクササイズ

▶ phrasal verbや他の語句を空所に入れ、日本語と同じ意味の英文を作ろう。

1. 彼はひどい悪夢の最中に目を覚ましました。
   He _______ _____ in the _________ of a terrible nightmare.
2. 真夜中に奇妙な音で目が覚めました。
   A strange noise _______ _____ _____ in the middle of the night.
3. より多くの人々が気候変動の危険性に目覚めつつあります。
   More people are _________ _____ _____ the dangers of climate change.

＊nightmare「悪夢」／climate change「気候変動」

書き換え・エクササイズ

▶ 次の各センテンスをphrasal verbを使って書き換えよう。

1. The nurse gently roused the patient from sleep.

   ____

2. We awakened to the sound of the fire alarm.

   ____

3. Visiting developing countries made me aware of how fortunate I was.

   ____

4. You need to realize the fact that you are an adult now!

   ____

＊rouse「目覚めさせる」／fire alarm「火災報知器のアラーム」／developing countries「発展途上国」／fortunate「幸運な；恵まれた」

Chapter 2 ネイティブがお勧めする Phrasal Verbs 40

解答
[英作文・エクササイズ] 1. woke / up / middle　2. woke / me / up　3. waking / up / to
[書き換え・エクササイズ] 1. The nurse gently woke up the patient.（看護婦さんはやさしく患者を起こしました。）　2. We woke up to the sound of the fire alarm.（私たちは火災報知器のアラームの音に目覚めました。）　3. Visiting developing countries woke me up to how fortunate I was.（発展途上国を訪問することで、自分がどれほど恵まれているかに気づきました。）　4. You need to wake up to the fact that you are an adult now!（あなたは自分がもう大人だという事実に気づく必要があります！）

049 Try out

意味①／test/evaluate something
意味②／compete to join a team/elite group

tryは「試す；試みる」という意味の動詞。

try outになると「（なにかを）試しに使う；試用する」あるいは「（なにかを）試して評価する」という意味になる。（新）製品を試用・評価する場面で用いられることが多い。洋服や靴など身に着けるものの試着の場面ではtry outは用いず、try onを使うことにも注意したい。また、**「なにかをはじめて使ってみる；試してみる」**というニュアンスをもつこともある。

また**try outには「出場・参加などを目指して競う」「選抜試験を受ける」という意味もある。**スポーツや音楽バンド、演劇などでの選抜の場面で多く用いられる。tryoutという名詞は「適性試験；オーディション；予選」などの意味になる。

シャドーイング・エクササイズ　DL-049

▶ 音声を聞きながらシャドーイングしてみよう。

1. I can't wait to **try out** the new game console from Sony.
ソニーの新しいゲーム機を試すのが待ちきれません。

2. Attendees of the trade show can **try out** the latest kitchen equipment.
貿易展示会の参加者は最新のキッチン設備を試してみることができます。

3. Hundreds of athletes **tried out** for the Olympic team.
何百人ものアスリートがオリンピックチーム入りを目指して競いました。

4. My son wants to **try out** for his high school baseball team.
息子は高校野球チームの選抜試験を受けたいと思っています。

5. Several actors **tried out** for the lead role in the movie.
数人の俳優が映画の主役の座を賭けて競いました。

＊attendee「参加者；出席者」／lead role「主役」

英作文・エクササイズ

▶ phrasal verbや他の語句を空所に入れ、日本語と同じ意味の英文を作ろう。

1. 好みものを見つけるまで、彼はいくつかのゴルフクラブを試しました。
He ________ ______ several golf clubs before finding ______ that he liked.

2. 沖縄にいる間に、新しいスキューバ用具を試す機会をもてました。
________ in Okinawa I got to ______ ______ my new scuba gear.

3. コーチは私にバスケチームを目指して選抜試験を受けてほしかったのですが、断りました。
The coach wanted _____ to ______ ______ for the basketball team, but I declined.

＊golf club「ゴルフのクラブ」／gear「道具；用具；装備」／decline「断る」

書き換え・エクササイズ

▶ 次の各センテンスをphrasal verbを使って書き換えよう。

1. You can evaluate this software for 30 days at no charge.
____

2. We tested the new software and encountered a variety of bugs.
____

3. I sampled a piece of fatty tuna and was amazed at the flavor.
____

4. The famous actor auditioned for the part in the Broadway play.
____

＊evaluate「評価する」／encounter「遭遇する；直面する」／fatty tuna「大トロ」／flavor「味；味わい」／audition「オーディションを受ける」／part「役」

解答 [英作文・エクササイズ] 1. tried / out / one 2. While / try / out 3. me / try / out
[書き換え・エクササイズ] 1. You can try out this software for 30 days at no charge.(このソフトウェアは30日間無料でお試しいただけます。) 2. We tried out the new software and encountered a variety of bugs.(新しいソフトウェアを試すと、さまざまなバグに出くわしました。) 3. I tried out a piece of fatty tuna and was amazed at the flavor.(ひと切れ大トロを食べてみて、その味に驚きました。) 4. The famous actor tried out for the part in the Broadway play.(有名俳優がブロードウェーの劇の配役を目指してオーディションを受けました。)

050 Put on

意味① ／ wear or don an article of clothing
意味② ／ operate something (machine etc.)
意味③ ／ perform or produce an event

put onの文字どおりの意味は「物をなにかの上に置く」だが、それ以外に多様な意味合いがある。もっとも頻度が高いのは**「（洋服、手袋、帽子などを）身に着ける」**という意味。衣類はカラダの上に置くことからこの意味になる。化粧や香水などもこのフレーズの対象になる。ただし、**put onは身に着ける瞬間の動作を表し、すでに身に着けている状態、着ている状態を表すのにはwearが用いられる。**

またput onにはturn onと同様、**「（テレビやエアコンなどの機械類の）スイッチをオンにする」「作動させる」**という意味もある。ただし、目的語によってput onが使えない場合もあるので、非ネイティヴの話者はturn onを用いたほうが安全だ。

さらにput onは、**「（展示会・イベント・演奏会などを）開催する；行う」**という意味にもなる。

シャドーイング・エクササイズ　DL-050

▶ 音声を聞きながらシャドーイングしてみよう。

1. **Put on** your gloves; it's cold outside!
   手袋をしてくださいね。外は寒いですよ！
2. I **put on** two different colored socks this morning.
   今朝、色の違った靴下を（間違って）履いてしまいました。
3. He **put on** the TV as soon as he got home.
   帰宅するとすぐに、彼はテレビをつけました。
4. It's cold in here, so let's **put on** the heater.
   ここは寒いので、ヒーターをつけましょう。
5. The concert was **put on** for free as a charity event.
   コンサートはチャリティー・イベントとして無料で開催されました。
   ＊for free「無料で」／charity event「慈善の催し」

英作文・エクササイズ

▶ phrasal verbや他の語句を空所に入れ、日本語と同じ意味の英文を作ろう。

1. 女性は口紅を塗り急いでドアから外に出ました。
The woman ______ _____ her lipstick and rushed out the door.

2. ラジオをつけてください！ ニュース放送を聞きたいんです。
________ on the radio! I want to hear the news __________.

3. コンベンションは大成功だったので、彼らは毎年開催することに決めました。
The convention was so ____________ they decided to ______ _____ _____ every year.
＊convention「大会；集会」

書き換え・エクササイズ

▶ 次の各センテンスをphrasal verbを使って書き換えよう。

1. The old man is long retired but still dons a suit every morning.

____

2. My coworker Jim always wears too much cologne.

____

3. I hit the brakes as soon as I saw the deer in the road.

____

4. The national soccer team holds tryouts every spring.

____

＊retired「引退して」／don「着用する」／cologne「コロン」／hit the brakes「ブレーキを踏む」／hold「開催する」／tryout「トライアウト；適性試験」

解答 ［英作文・エクササイズ］1. put / on　2. Put / broadcast　3. successful / put / it / on
［書き換え・エクササイズ］1. The old man is long retired but still puts on a suit every morning.（その老人は引退して長いのですが、いまだに毎朝スーツを着ます。）　2. My coworker Jim always puts on too much cologne.（いつも同僚のジムはコロンをたくさんつけすぎるんです。）　3. I put on the brakes as soon as I saw the deer in the road.（路上に鹿を見つけると、すぐにブレーキを踏みました。）　4. The national soccer team puts on tryouts every spring.（サッカーのナショナルチームは毎春トライアウトを開催します。）

051 Sell out

意味① ／sell all of something (product)
意味② ／betray a friend or colleague for personal gain
意味③ ／make a fatal mistake in competition

sell「売る」とout「なくなって」の組み合わせで、「完売する」「売り切る」「売り切れる」という意味になる。おもに商品に関して、商品を主語として … be sold out「…が売り切れている」という形で使う場合が多い。名詞のselloutを用いた、sellout show「チケットが完売した満員大入りのショー」のような表現もある。

また**仲間を裏切って「売る；売り渡す」ことも、このsell outで表現できる。**自分の利益や金、欲のために同僚や会社、国などを売り渡すという文脈で使われる。

さらに、**スポーツなどでは「致命的なミスを犯す」という意味で用いられる。**致命的なミスで自分や味方を敵に売り渡したことになるからだ。

シャドーイング・エクササイズ　DL-051

▶ 音声を聞きながらシャドーイングしてみよう。

1. The merchandise **sold out** very quickly.
   その商品は非常に早く売り切れました。
2. The restaurant **sold out** of their popular dessert.
   そのレストランは人気のデザートを完売しました。
3. The traitor **sold out** his country for a paltry sum.
   その裏切り者はごくわずかな額で彼の国を売りました。
4. I can't believe he **sold** me **out** and informed the police.
   彼が私を裏切って警察に通報したなんて信じられません。
5. The Giants **sold out** in the eighth inning when they gave up three runs.
   ジャイアンツは、スリーランを与え､8回に致命的なミスを犯しました。

＊merchandise「商品」／traitor「裏切り者」／paltry「ごくわずかな；つまらない」／give up「(ヒットなどを) 与える」

英作文・エクササイズ

▶ phrasal verbや他の語句を空所に入れ、日本語と同じ意味の英文を作ろう。

1. 人気バンドの新たにリリースされたアルバムは数時間で完売しました。
The popular band's ________ released CD ________ ________ in a few hours.

2. 失脚したCEOは、以前の会社を競合企業に売り渡しました。
The disgraced CEO ________ ________ his ________ company to their competitors.

3. そのサッカー選手はペナルティーキックを失敗して、致命的なミスを犯しました。
The soccer player ________ ________ ________ he missed the penalty kick.

＊disgrace「(役職から) 退ける；失脚させる」／competitor「競合企業」

書き換え・エクササイズ

▶ 次の各センテンスをphrasal verbを使って書き換えよう。

1. Tickets for the concert became unavailable in record time.

____

2. The new smartphones are selling fast.

____

3. Most soldiers would rather die than betray their comrades.

____

4. The pitcher made a fatal mistake when he threw that wild pitch.

____

＊unavailable「入手できない」／would rather ... than ...「…するより…したほうがましだ」／betray「裏切る」／comrade「仲間；戦友」／fatal「致命的な」

解答 [英作文・エクササイズ] 1. newly / sold / out　2. sold / out / former　3. sold / out / when　[書き換え・エクササイズ] 1. Tickets for the concert sold out in record time.(そのコンサートのチケットは記録的な速さで完売しました。)　2. The new smartphones are selling out fast.(そのスマホはどんどん売り切れています。)　3. Most soldiers would rather die than sell out their comrades.(ほとんどの兵士は仲間を売り渡すより死んだほうがましだと考えます。)　4. The pitcher sold out when he threw that wild pitch.(ワイルドピッチを投げて、その投手は致命的なミスを犯しました。)

052 Come over

意味① ／visit someone's home
意味② ／travel across a bridge, an ocean etc. (to the speaker's position)

comeの基本の意味は「来る」。overには「こちらに」「話し手のところに」という意味があるため、**come over to our houseとすると「私たちの家にやってくる」「私たちの家を訪問する」という意味になる。通常to our houseは省略されるため、表現的には通常come overのみが残される**ことになる。

またoverには「越えて」「渡って」といった意味合いもあるため、come overで**「…を越えて旅する；移動する；移住する；伝わってくる」「…を渡って旅する；移動する」**という意味にもなる。

シャドーイング・エクササイズ

▶ 音声を聞きながらシャドーイングしてみよう。

1. My neighbors **came over** to watch the football game with us.
   近所の人たちがアメフトの試合をいっしょに見るためにうちにやってきました。
2. Why don't you **come over** for dinner this Friday?
   今週の金曜にディナーを食べにうちに来ませんか？
3. Put down those toys and **come over** here!
   そのおもちゃを置いてこっちに来なさい！
4. When did you first **come over** to Japan?
   あなたはいつ最初に日本に来たのですか？
5. The truck **came over** the bridge way too fast.
   トラックはかなりのスピード超過で橋を越えてきました。

＊put down「置く」／way too fast「あまりにも速く」

英作文・エクササイズ

▶ phrasal verbや他の語句を空所に入れ、日本語と同じ意味の英文を作ろう。

1. 隣人がやってきて音楽の音量を下げるように私に頼みました。
My neighbor _______ ________ and asked me to _______ the music down.

2. クリスマスの度に、親類がお祝いに集まってきます。
Every Christmas our relatives _______ ________ _____ celebrate.

3. 上司は私に、彼の元に来てウェブカムの使い方を教えてくれと頼みました。
The boss asked me _____ _______ _______ and show him how to use the webcam.

＊turn down「下げる」／relatives「親類」／webcam「ウェブカメラ」

書き換え・エクササイズ

▶ 次の各センテンスをphrasal verbを使って書き換えよう。

1. All of my friends dropped by to give their condolences.
____

2. If you stop by on Saturday, I can help you prepare for your exam.
____

3. We dropped by last night, but you were not (at) home.
____

4. He traveled (here) to Japan in the early 90's and never left.
____

＊condolences「お悔やみ」／exam「試験」

解答
[英作文・エクササイズ] 1. came / over / turn　2. come / over / to　3. to / come / over
[書き換え・エクササイズ] 1. All of my friends came over to give their condolences.(私の友人全員がお悔やみを述べに私のところへやってきました。)　2. If you come over on Saturday, I can help you prepare for your exam.(土曜にうちに来たら、試験の準備を手伝えますよ。)　3. We came over last night, but you were not (at) home.(昨夜お宅を訪れましたが、あなたは不在でした。)　4. He came over to Japan in the early 90's and never left.(彼は90年代初頭に来日し、二度と離れませんでした。)

053 Come across

意味① ／ find something by accident
意味② ／ give/leave an impression

come acrossの基本的な意味は「空間や橋などの広がりを横切って移動する」ということだが、ほかにもいくつかの意味合いがある。

最初は、**「偶然見つける」「遭遇する」「出くわす」**という意味での使い方だ。**特になにかを探そうとしていない場面で、ある物を偶然に見つける、遭遇するというニュアンス。**run across「偶然（人と）出くわす」と同様に、人に出くわすという文脈で用いられることもある。

さらに**「印象を与える」**という意味での使い方もある。**... come across as ...「…から…という印象を受ける」といった使い方ができる。**この使い方のcome acrossは、strikeという動詞を使ってHe struck me as an intelligent person.「彼からは知的な人物であるという印象を受けた」のようなセンテンスと書き換えることができる。

シャドーイング・エクサイズ

DL-053

▶ 音声を聞きながらシャドーイングしてみよう。

1. We **came across** some old photos when cleaning the closet.
   クローゼットの掃除をしているときに、たまたま古い写真をいくつか見つけました。
2. I **came across** a great little jewelry shop in Ueno.
   上野でたまたま、すばらしい小さな宝石店を見つけました。
3. The hikers **came across** a body in the forest.
   ハイカーたちは、たまたま森の中で遺体を発見しました。
4. Our new boss **came across** as a snob.
   新しい上司は気取り屋であるような印象を受けました。
5. I have never **come across** anyone like her before.
   彼女のような人にはこれまで一度も出会ったことがありません。

＊jewelry「宝石」／body「死体；遺体」／snob「俗物；気取り屋」

英作文・エクササイズ

▶ phrasal verbや他の語句を空所に入れ、日本語と同じ意味の英文を作ろう。

1. 子どもたちはひと袋の大昔の硬貨を偶然見つけました。
The children _______ _________ a ______ of ancient coins.

2. もしなくした私の鍵をたまたま見つけたら、教えてください。
If you _______ across my missing keys, ______ _____ know.

3. しらふのとき、彼女は非常に責任感の強い人物であるという印象を受けます。
When sober, she ________ _________ _____ a very responsible person.

＊ancient「古代の；大昔の」／sober「しらふの；酔っていない」／responsible「責任感のある」

書き換え・エクササイズ

▶ 次の各センテンスをphrasal verbを使って書き換えよう。

1. Scientists accidentally found the jawbone of a prehistoric animal.
____

2. We didn't encounter any other people driving through the desert.
____

3. The researcher discovered an ancient manuscript among the old books.
____

4. The billionaire businessman gave the impression of being very generous.
____

＊jawbone「下顎の骨」／prehistoric「先史時代の」／desert「砂漠」／manuscript「写本」／generous「気前のよい」

解答 [英作文・エクササイズ] 1. came / across / bag　2. come / let / me　3. comes / across / as　[書き換え・エクササイズ] 1. Scientists <u>came across</u> the jawbone of a prehistoric animal.（科学者は偶然にも、先史時代の動物の下顎の骨を見つけました。）　2. We didn't <u>come across</u> any other people driving through the desert.（砂漠を運転している間、ほかのだれとも遭遇しませんでした。）　3. The researcher <u>came across</u> an ancient manuscript among the old books.（研究者は、たまたま古い本の中に、古代の写本を見つけました。）　4. The billionaire businessman <u>came across</u> as being very generous.（億万長者のビジネスマンは非常に気前がいい印象でした。）

054 Clean out

意味① ／ clean or empty a container or enclosed space
意味② ／ leave someone without money; take all of someone's money

cleanは「きれいにする；掃除する」という意味の動詞だ。例えば、clean the carという表現は「車をきれいにする」という意味だ。ただし、この用法では車の外を洗い流してきれいにするというニュアンスになる。

しかし、**clean out the carのようにこのフレーズを使った場合、「車の中を完全にきれいにする」「車の中の物をすべて外に出してきれいにする」といった含みになる。** outには「完全に；すっかり；最後まで」また「外へ」という意味合いが含まれている。clean outは「中にある物を完全に外へ出してきれいにする」ということだ。

また、このイメージから発展して、clean outが **「無一文にする」「(だれかの金を)巻き上げる」** という意味でも使われるようになった。

シャドーイング・エクササイズ

▶ 音声を聞きながらシャドーイングしてみよう。

1. I **cleaned out** my refrigerator for the first time in months.
   数カ月ぶりに冷蔵庫をきれいにしました。

2. Japanese people **clean out** their homes during the year-end holidays.
   日本人は年末の休暇に家の中を大掃除します。

3. After he was fired, the employee **cleaned out** his desk and left.
   クビになったあと、その従業員は机の中のものを全部片づけて出ていきました。

4. Last time I was in Vegas the casino **cleaned** me **out**.
   この前ラスベガスに行ったとき、カジノですっかりお金を巻き上げられました。

5. The stock market crash **cleaned out** my life savings.
   株式市場が暴落して、老後の蓄えがすっかりなくなりました。

＊fire「解雇する；クビにする」／stock market「株式市場」／crash「崩壊；暴落」／life savings「老後の蓄え」

英作文・エクササイズ

▶ phrasal verb や他の語句を空所に入れ、日本語と同じ意味の英文を作ろう。

1. この春は屋根裏部屋をきれいに掃除する必要があります。
   We need _____ ________ ______ the attic this spring.
2. 食物繊維を多く取ると腸がきれいになります。
   Eating a lot of ________ will ________ ______ your intestines.
3. 夫は先週、競馬場でスッカラカンにされました。
   My husband got __________ ______ at the racetrack last week.

＊attic「屋根裏部屋」／fiber「食物繊維」／intestines「腸」／racetrack「競馬場」

書き換え・エクササイズ

▶ 次の各センテンスをphrasal verbを使って書き換えよう。

1. We emptied our closet and donated all the old clothes.
   ____
2. It's important to wash out the insides of plastic bottles before recycling.
   ____
3. Thieves broke into their house and stole everything from them.
   ____
4. He was rich until gambling caused him to lose everything.
   ____

＊donate「寄付する；寄贈する」／inside「内側；内部」／thief「泥棒；こそ泥」／break into ... 「…に押し入る；侵入する」／gambling「ギャンブル；賭け事」

[英作文・エクササイズ] 1. to / clean / out　2. fiber / clean / out　3. cleaned / out
[書き換え・エクササイズ] 1. We cleaned out our closet and donated all the old clothes.（クローゼットを空にして古着をすべて寄付しました。）　2. It's important to clean out the insides of plastic bottles before recycling.（リサイクルする前にペットボトルの内部をきれいにすることが重要です。）　3. Thieves broke into their house and cleaned them out.（泥棒が彼らの家に押し入り、全財産を盗みました。）　4. He was rich until gambling cleaned him out.（ギャンブルで無一文になるまで、彼はお金持ちでした。）

055 Back up

意味① ／ walk or drive a vehicle backwards
意味② ／ support a person, thing or a cause
意味③ ／ make copies of something

最初に紹介するback upの意味は**「後退する；バックする」**だ。車の運転中の指示などで用いられることが多い。

2番目の意味は**「（だれかを）支える；守る」。「考えや運動などを支援する；支持する；裏づける」場合にも使うことが可能だ。**この意味の場合upを省略することもある。

3番目の意味は「バックアップを取る」という日本語と同じで、**なにかが紛失したときなどに備えて、そのものの「コピーを作る」。**コンピューター時代が始まってから登場した意味で、多くの場合、電子的なファイルやデータに関係した文脈で用いられる。

back-up disk「バックアップのディスク」、back-up plan「代替案」などは形容詞として用いられた例だ。

シャドーイング・エクササイズ

DL-055

▶ 音声を聞きながらシャドーイングしてみよう。

1. Wait, **back up**! You drove past the parking lot entrance.
   待って、バックして！ 駐車場の入り口を通り過ぎましたよ。
2. I asked him to **back up** because he was standing too close.
   あまりにも近くに立っていたので、彼に下がるように頼みました。
3. There were no facts to **back up** his story.
   彼の話を裏づける証拠はありませんでした。
4. Many of his coworkers **backed up** his claims of innocence.
   彼の同僚の多くが、彼の無実の主張を支持しました。
5. You should **back up** all your photos to the cloud.
   写真は全部クラウドにバックアップするべきです。

＊parking lot「駐車場」／claim「主張」／innocence「潔白；無罪」

英作文・エクササイズ

▶ phrasal verbや他の語句を空所に入れ、日本語と同じ意味の英文を作ろう。

1. 彼女は車をバックさせているとき、電柱にぶつかりました。
   She hit a pole when __________ _____ the car.
2. 目撃者証言が彼のアリバイを裏づけたので、彼は釈放されました。
   Witness testimony _________ _____ his alibi, so he ______ released.
3. バックアップを取っていなかったので、電話連絡先を失ってしまいました。
   I lost my phone contacts because I didn't _______ _______ _____.

＊witness testimony「目撃者証言」／alibi「アリバイ」／contacts「連絡先」

書き換え・エクササイズ

▶ 次の各センテンスをphrasal verbを使って書き換えよう。

1. The protesters moved backward as the police approached.
   ____
2. The station worker asked the man to step back from the platform edge.
   ____
3. The board of directors supported the plan to downsize the company.
   ____
4. We could only make copies of half of the files before the virus struck.
   ____

＊protester「抗議者」／platform edge「ホームの端」／board of directors「取締役会」／downsize「リストラする；人員を削減する」／virus「ウイルス」

解答

[英作文・エクササイズ] 1. backing / up　2. backed / up / was　3. back / them / up
[書き換え・エクササイズ] 1. The protesters backed up as the police approached.（警察が近づいたため、抗議者たちは後ずさりしました。）　2. The station worker asked the man to back up from the platform edge.（駅員はその男性にホームの端から下がるように要求しました。）　3. The board of directors backed up the plan to downsize the company.（取締役会は会社のリストラ計画を支持しました。）　4. We could only back up half of the files before the virus struck.（ウイルス攻撃の前に、ファイルの半分しかバックアップできませんでした。）

056 Cut back on

意味① ／ consume less of something
意味② ／ spend less money on something
意味③ ／ do something less often

cut back onは日本語の「控える」という動詞に近い意味合いをもつ。cut backの「切って短くする」というイメージから、なにかを減らす意味合いが出てくる。

紹介する最初の意味は**「(なにかの摂取を) 控える」**だ。食事、飲料、タバコ、酒など、どのようなものでもかまわないが、**多くの場合摂取を推奨されないものに言及する場面で使われる。**onのあとには動名詞か名詞が置かれる。

２番目の意味は**「お金を節約する；削減する」**だが、これもイメージは最初の意味に近い。

さらに、cut back onは、**健康や財政、その他の利益のために「なんらかの活動・行為などを減らす；削減する」**という意味にもなる。

ちなみに、cut down onはcut back onと入れ替え可能なフレーズだ。

シャドーイング・エクササイズ　DL-056

▶ 音声を聞きながらシャドーイングしてみよう。

1. You really need to **cut back on** cigarettes.
   あなたはほんとうにタバコを減らすことが必要です。
2. I need to **cut back on** drinking alcohol.
   アルコールを飲むのを減らす必要があるんです。
3. If we don't **cut back on** costs, our company will fold.
   コストを削減しなければ、会社は潰れます。
4. His coach told him to **cut back on** training or risk injury.
   トレーニングを控えないとケガの恐れがあると、コーチは彼に言いました。
5. The managers **cut back on** production due to the slowing demand.
   需要の減少が原因でマネージャーは生産を削減しました。

＊fold「(事業が) 潰れる」／slowing demand「需要の減退」

英作文・エクササイズ

▶ phrasal verbや他の語句を空所に入れ、日本語と同じ意味の英文を作ろう。

1. 医者は、食事の塩と砂糖を減らすように言いました。
   My physician ______ me to cut ______ _____ salt and sugar in my diet.
2. 副作用が原因で、その医者は患者の薬を減らしました。
   The doctor _____ ______ on the patient's medication due to ______ effects.
3. 私たちはネットショッピングを控える必要があります。
   We need _____ ______ ______ on our online shopping.

＊physician「医者；内科医」／medication「薬剤」

書き換え・エクササイズ

▶ 次の各センテンスをphrasal verbを使って書き換えよう。

1. Our company is trying to reduce overtime, so I have this weekend off.

   ____

2. Lowering the amount of red meat in one's diet is good for the heart.

   ____

3. We need to lessen our overhead costs by moving the office.

   ____

4. He curtailed his pachinko playing after his son was born.

   ____

＊overtime「残業」／red meat「赤肉」／heart「心臓」／lessen「縮小する；削減する」／overhead costs「諸経費」／curtail「抑制する」

解答
[英作文・エクササイズ] 1. told / back / on　2. cut / back / side　3. to / cut / back
[書き換え・エクササイズ] 1. Our company is trying to cut back on overtime, so I have this weekend off.（会社が残業を減らそうとしているので、私は今週末、休みなのです。） 2. Cutting back on the amount of red meat in one's diet is good for the heart.（食事の中の赤肉を減らすことは心臓によい効果があります。） 3. We need to cut back on our overhead costs by moving the office.（わが社はオフィスを移転して経費を削る必要があります。） 4. He cut back on his pachinko playing after his son was born.（息子が生まれたあと、彼はパチンコ遊びを減らしました。）

057 Burn out

意味① ／ stop burning (flame)
意味② ／ lose energy/motivation

burn は「燃える」、out は「消えて；尽きて」。**burn out では「（燃料がなくなるなどして）燃えているものが自然に消える」状態を表現する。**ロウソクの火やキャンプファイアーなどが消える場合に加え、「電球が切れる」という意味でも使われる。

また、「燃え尽きる」という意味が人間に関しても使われる。**会社などで同じ作業を繰り返し、重大なストレスや疲れを感じ、仕事をやり続ける体力やモチベーションが「燃え尽きる」という文脈での用法だ。**このような場合、会社を辞めるかもしれないし、仕事を続けるかもしれないが、いずれにしても以前のような良好な状態ではない。これを英語では**burnout syndrome「燃え尽き症候群」**と表現したりする。

シャドーイング・エクサ サイズ　DL-057

▶ 音声を聞きながらシャドーイングしてみよう。

1. If the candles **burn out**, use this flashlight.
   ロウソクが燃え尽きたら、この懐中電灯を使ってください。
2. The campfire **burnt out** during the night.
   キャンプファイアーは夜のうちに燃え尽きました。
3. That light bulb is flickering and about to **burn out**.
   あの電球はチカチカしていて、もう切れそうです。
4. After ten years in the Major League, the pitcher **burnt out**.
   メジャーリーグで10年を過ごし、その投手は燃え尽きました。
5. If I don't take a vacation soon, I am going to **burn out**.
   すぐに休暇を取らないと、私は燃え尽きてしまいます。

＊flashlight「懐中電灯」／flicker「明滅する；ちらつく」

英作文・エクササイズ

▶ phrasal verbや他の語句を空所に入れ、日本語と同じ意味の英文を作ろう。

1. 幸運にも、火はほかのビルに広がる前に燃え尽きました。
Fortunately, the fire ________ ______ before spreading to other buildings.

2. 犯罪者の弁護を何年も続けたあと、弁護士は精根尽き果てて引退しました。
After years of defending criminals, the lawyer ____ ________ out and retired.

3. ポップシンガーの薬物の大量摂取は、精神的に疲れ果てていたことが原因でした。
The pop singer's overdose was attributed _____ his being _________ out.

＊defend「弁護する」／overdose「薬物の大量摂取」／be attributed to ...「…が原因だ」

書き換え・エクササイズ

▶ 次の各センテンスをphrasal verbを使って書き換えよう。

1. The lantern stopped burning when it ran out of fuel.

____

2. The wind coming through the door cause the candle to extinguish.

____

3. It's a high-pressure job so many people quit due to stress.

____

4. After not winning a tournament in five years, the pro golfer lost all motivation.

____

＊fuel「燃料」／extinguish「消化する；消える」

解答 ［英作文・エクササイズ］1. burnt; burned / out　2. got / burnt; burned　3. to / burnt; burned　［書き換え・エクササイズ］1. The lantern burnt out when it ran out of fuel.（ランタンは燃料がなくなって消えました。）　2. The wind coming through the door caused the candle to burn out.（扉から入った風がロウソクを消しました。）　3. It's a high-pressure job so many people burn out.（プレッシャーの強い仕事なので多くの人が燃え尽きてしまいます。）　4. After not winning a tournament for five years, the pro golfer burnt out.（5年間トーナメントに勝てず、プロゴルファーはモチベーションがなくなりました。）

058 Come around

意味① ／ move in a circuit and arrive (at speaker's location)
意味② ／ change one's opinion or stance to match others
意味③ ／ regain consciousness

aroundのイメージは「回って」。come aroundの最初の意味は、**「いくつかのポイントを巡って自分のところへたどり着く；戻ってくる」**。荷物や郵便の配達員の動きを想像するとわかりやすい。また、人だけでなく、ある時期や祝日などが**「月日が巡って再びやってくる」**という意味でも用いられる。

come aroundには**「態度・立場を変える」「意見を変える」といった意味もある。これは「ぐるりと態度を変えてくる」と考えるとわかりやすい。**

もうひとつ**「人の意識が回復する」**という意味の使い方もある。これは「どこかに行っていた意識が回って戻ってくる」というイメージだ。

シャドーイング・エクササイズ　DL-058

▶ 音声を聞きながらシャドーイングしてみよう。

1. The mailman **came around** late today.
   今日は、郵便配達員が遅れて回ってきました。
2. You are welcome to **come around** anytime!
   いつでもまた来てきてください！
3. Jim will **come around** once he hears the whole story.
   いったん話を全部聞けば、ジムは意見を変えるでしょう。
4. He doesn't agree with us now, but he will **come around**.
   いま彼は私たちに同意していませんが、立場を変えるでしょう。
5. When the patient first **came around**, he didn't know his name.
   最初に患者の意識が戻ったとき、彼は自分の名前がわかりませんでした。

＊agree with ...「…に同意する」

英作文・エクササイズ

▶ phrasal verbや他の語句を空所に入れ、日本語と同じ意味の英文を作ろう。

1. 供給業者は必ず金曜日にやってきます。
Our vendors always _______ ________ on Fridays.

2. 証拠を見たあと、裁判官は意見を変え彼に有罪判決を下しました。
________ seeing the evidence, the judge _______ _________ and found him guilty.

3. 彼の意識を回復させるために衛生兵は気つけ薬を使いました。
The medics ________ smelling salts to make him _______ _________.

＊vendor「供給業者；販売会社」／find ... guilty「…に有罪判決を下す」／medic「衛生兵」／smelling salts「気つけ薬」

書き換え・エクササイズ

▶ 次の各センテンスをphrasal verbを使って書き換えよう。

1. I hate it when salesmen stop by and bother us.

____

2. My birthday seems to arrive faster every year.

____

3. My boss finally relented and granted my vacation request.

____

4. The woman regained consciousness after two weeks in a coma.

____

＊bother「悩ませる；邪魔をする」／relent「態度をやわらげる」／grant「許可する；承諾する」／regain「取り戻す；回復する」／consciousness「意識」／coma「昏睡状態」

解答
[英作文・エクササイズ] 1. come / around 2. After / came / around 3. used / come around [書き換え・エクササイズ] 1. I hate it when salesmen come around and bother us.(セールスマンが回ってきて厄介をかけるのが大嫌いなんです。) 2. My birthday seems to come around faster every year.(毎年、誕生日が早く巡ってくるように思います。) 3. My boss finally came around and granted my vacation request.(上司がついに態度を変えて、休暇の要求を承諾しました。) 4. The woman came around after two weeks in a coma.(その女性は2週間の昏睡状態から意識を取り戻しました。)

059 Come out

意味① ／ appear; show up
意味② ／ become public
意味③ ／ obtain or show a result

このcome outは8つ以上の異なる意味をもっているが、ここでは3つだけ紹介する。まず、come「来る」＋out「外へ」の組み合わせなので**「（外に）出てくる」**という意味がある。ビルやその他の場所から外へ出る場面で使われる。

「外に出てくる」というイメージから転じて**「いなかった人や見えなかったものが現れる；見えるようになる」**という意味でも用いられる。

また、さらに転じて、**「ニュースや報道などが公になる」**という意味にもなる。これは秘密になっていたことが漏れて公になるというニュアンス。また**「書籍や雑誌、新しい楽曲などが購入できるようになる」**という意味でも使える。

最後にもうひとつ**「…という結果になる」**という意味での使い方も覚えたい。これはスポーツやテストの結果などを表す場面で多く用いられている。

シャドーイング・エクササイズ　DL-059

▶ 音声を聞きながらシャドーイングしてみよう。

1. The clouds cleared, and the sun **came out**.
   雲がなくなって太陽が出てきました。
2. Thousands of people **came out** for the Emperor's funeral.
   何千もの人々が皇帝の葬儀に出てきました。
3. The bank president resigned when the scandal **came out**.
   スキャンダルが公になって、銀行の頭取は辞職しました。
4. That album **came out** before you were born!
   そのアルバムはあなたが生まれる前に発売されたんですよ！
5. My diabetes test results **came out** negative.
   私の糖尿病の検査結果は陰性でした。

＊funeral「葬儀；葬式」／resign「辞職する」／diabetes「糖尿病」／negative「陰性の」

英作文・エクササイズ

▶ phrasal verbや他の語句を空所に入れ、日本語と同じ意味の英文を作ろう。

1. 受賞式典にはほとんどのメジャーな有名人が現れました。
   Most of the major celebrities _______ ______ for the awards gala.
2. 発売になるや否や、その小説は大ヒットとなりました。
   As _______ as it _______ ______ the novel was a huge hit.
3. 今年のクリケットの世界選手権ではインドが頂点に立ちました。
   India _______ ______ on top in this year's cricket world championship.

＊gala「祭り；祝祭；特別な催し」／come out on top「頂点に立つ」

書き換え・エクササイズ

▶ 次の各センテンスをphrasal verbを使って書き換えよう。

1. Raccoons are nocturnal and rarely appear during daylight hours.

   ____

2. I plan to buy the new Yphone as soon as it is released.

   ____

3. Once the story became known, the ambassador was recalled to the U.S.

   ____

4. The horse I bet on finished first.

   ____

＊raccoon「アライグマ」／nocturnal「夜行性の」／ambassador「大使」／recall「召喚する；呼び戻す」

解答
[英作文・エクササイズ] 1. came / out　2. soon / came / out　3. came / out
[書き換え・エクササイズ] 1. Raccoons are nocturnal and rarely come out during daylight hours.（アライグマは夜行性なので昼間は滅多に現れません。）　2. I plan to buy the new Yphone as soon as it comes out.（発売されたらすぐに新しいYフォーンを買うつもりです。）　3. Once the story came out, the ambassador was recalled to the U.S.（いったんニュースが公になると、大使はアメリカに召還されました。）　4. The horse I bet on came out on top.（私が賭けた馬が1位になりました。）

060 Come on

意味① ／hurry; try hard
意味② ／appear on TV or radio
意味③ ／start to function; start to become sick

come onも多くの意味合いをもつフレーズのひとつだが、ここではそのうちのいくつかを紹介する。

まず、**Come on!という命令文は幅広い場面で使われ、「急げ!」「頑張れ!」さらには「まさか!」という意味まである。**

通常のセンテンスでのcome onには、まず**「(テレビやラジオで) 放映される；放送される」「(番組などに) 登場する；出演する」**という意味がある。

さらに「(なにかが) 始まる」文脈でも使用され、**「(電子機器や機械などが) 作動する；スイッチが入る」**という意味になったり、**「(熱や風邪、病気、アレルギーなど) が急に現れる；発病する」**という意味になったりもする。

シャドーイング・エクササイズ

▶ 音声を聞きながらシャドーイングしてみよう。

1. **Come on**! We're going to be late for the movie.
   急いで！映画に遅れますよ。
2. **Come on** Giants! You can do it!
   頑張れジャイアンツ！お前たちならできる！
3. My favorite TV show is about to **come on**!
   僕の好きなテレビ番組がもう始まるところなんです！
4. The prime minister **came on** the radio and apologized.
   首相はラジオに出演して謝罪しました。
5. My computer isn't **coming on**! I just bought it last week!
   コンピューターが起動しません！先週、買ったばかりなんだけど！

＊TV show「テレビ番組」／apologize「謝罪する」

英作文・エクササイズ

▶ phrasal verbや他の語句を空所に入れ、日本語と同じ意味の英文を作ろう。

1. 急いで！ 私たちを乗せずに飛行機が飛び立ちそうですよ！
   ________ on! Our plane is about to leave _________ us!

2. 地震の被害を伝える特別報道番組が放送されました。
   A __________ newscast ________ _____ to report on the earthquake damage.

3. 風邪を引きそうな感じがするので、医者に行きます。
   I can feel a cold _________ _____, so I am going _____ the doctor.

＊newscast「ニュース番組」／earthquake「地震」／damage「被害」

書き換え・エクササイズ

▶ 次の各センテンスをphrasal verbを使って書き換えよう。

1. No way! That can't be true!

   ____

2. You have to be quiet when my movie starts.

   ____

3. The lights won't function. We must have lost power.

   ____

4. His symptoms appeared suddenly, and he was rushed into surgery.

   ____

＊power「電力；電気」／symptoms「症状」／surgery「手術室」

解答 [英作文・エクササイズ] 1. Come / without 2. special / came / on 3. coming / on / to
[書き換え・エクササイズ] 1. Come on! That can't be true!（まさか！ そんなことあり得ませんよ！）
2. You have to be quiet when my movie comes on.（映画が始まったら静かにしないといけません。）
3. The lights won't come on. We must have lost power.（電気がつかない。停電したに違いないですね。） 4. His symptoms came on suddenly and he was rushed into surgery.（急に症状が現れ、彼は手術室に急いで運ばれました。）

061 Fall through

意味① ／ fall through a hole or opening
意味② ／ fail; not happen as planned

fall「落ちる」＋ through「通り抜けて」で**「穴や開いている口などを通って落ちる」**という意味になるフレーズ。床や地面などが弱くなっていて、その上を歩いているときに床や地盤が崩壊して落ちるイメージを基本としてチェックしておこう。

また途中で落ちるイメージから、**企画や計画などが「実現しない」あるいは「頓挫する」「失敗に終わる」**といった意味も派生してくる。これはdidn't happen「起こらなかった；実現しなかった」やbe aborted「未完に終わる；失敗する」などの語句と置き換えられる。

シャドーイング・エクササイズ

▶ 音声を聞きながらシャドーイングしてみよう。

1. Several kids skating on the pond **fell through** the ice.
   池でスケートをしていた子ども数人が氷の下に落ちました。
2. The student **fell through** the window, cutting his finger.
   その生徒は窓を割って落ち、指を切りました。
3. Our plans **fell through** at the last minute.
   最後の土壇場で私たちの計画は実現しませんでした。
4. The author's deal for a sequel **fell through**.
   続編へ向けた作家の交渉は実現しませんでした。
5. We found a buyer for our house, but the deal **fell through**.
   わが家の買い手を見つけましたが、交渉はうまくいきませんでした。

＊pond「池」／at the last minute「土壇場で」／author「作家；著者」／deal「交渉」

英作文・エクササイズ

▶ phrasal verbや他の語句を空所に入れ、日本語と同じ意味の英文を作ろう。

1. ティーンエイジャー2名が氷の下に落ちて溺れました。

   Two teenagers _______ __________ the ice ______ drowned.

2. ハリケーンのため、私たちの休暇のプランは頓挫しました。

   Our vacations plans _______ __________ because _____ a hurricane.

3. 交渉が行き詰まり、合併は実現しませんでした。

   The merger _______ __________ because of stalled ________________.

   ＊drown「溺れる」／merger「合併」／stall「行き詰まらせる」

書き換え・エクササイズ

▶ 次の各センテンスをphrasal verbを使って書き換えよう。

1. The crane crashed through the roof of the building.

   ____

2. The damaged plane tumbled down through the clouds before crashing.

   ____

3. Our skiing trip didn't happen because of the unseasonably warm weather.

   ____

4. The city's plans to build a casino were aborted due to backlash.

   ____

＊tumble down「落下する」／backlash「(社会の) 反発」

解答 [英作文・エクササイズ] 1. fell / through / and　2. fell / through / of　3. fell / through / negotiations　[書き換え・エクササイズ] 1. The crane fell through the roof of the building.(クレーンがビルの屋根を突き破りました。)　2. The damaged plane fell through the clouds before crashing.(壊れた飛行機は墜落する前に雲を突き破って落下しました。)　3. Our skiing trip felt through because of the unseasonably warm weather.(季節外れの暖かい気候のせいで、スキー旅行は実現しませんでした。)　4. The city's plans to build a casino fell through due to backlash.(社会の反発によって、その都市のカジノ建設計画は頓挫しました。)

062 Give out

意味① ／ distribute or issue something
意味② ／ stop functioning; fail
意味③ ／ become exhausted; used up

give「与える；提供する」＋ out「外へ」のイメージから**「配る；配布する」**というgive outの意味を想像するのはかんたんだ。この使い方のgive outは、hand outやpass outと置き換えることができる。**「（情報などを）言葉に出す；発する；公表する」**という意味も同じイメージから出てくる。

またgive outの「与える」＋「尽きて」というイメージからは**「機械などが故障で動かなくなる；停止する」**という意味が出てくる。また**これは臓器や関節なども対象にすることができる。人間の体力やスタミナが「衰える」という意味でも使われる。**

さらに、同じイメージから**「（エネルギーや材料、食料などが）尽きる」「足りなくなる」**という意味も出てくる。

シャドーイング・エクササイズ

DL-062

▶ 音声を聞きながらシャドーイングしてみよう。

1. Many businessmen in America no longer **give out** business cards.
   もはや多くのアメリカ人ビジネスマンは名刺を配りません。

2. Make copies of this report and **give** them **out** to everyone.
   この報告書のコピーを取ってみんなに配ってください。

3. My five-year-old cellphone finally **gave out**.
   私の5年使った携帯電話はついに動かなくなりました。

4. The marathon runner's heart **gave out** during the race.
   そのマラソン選手の心臓はレース中に停止しました。

5. After two weeks the campers' food supplies **gave out**.
   2週間後、キャンパーたちの食料が尽きました。

＊business card「名刺」／supplies「（食料・薬などの）生活必需品」

英作文・エクササイズ

▶ phrasal verbや他の語句を空所に入れ、日本語と同じ意味の英文を作ろう。

1. 銀行があまりにも多くのローンを貸し出したことで不景気が起こりました。
   The recession was caused by ________ ________ out too many loans.
2. 女性は脚が動かなくなり、崩れ落ちました。
   The woman's legs ________ ______ and she collapsed.
3. 離陸直後に航空機のエンジンのひとつが故障しました。
   One of the plane's engines ________ ______ right ________ takeoff.

＊collapse「崩れ落ちる；崩れるように倒れる」

書き換え・エクササイズ

▶ 次の各センテンスをphrasal verbを使って書き換えよう。

1. Police and firefighters distributed water and food to evacuees.

   ____

2. Never provide your password or account number over the phone.

   ____

3. My old TV finally stopped working, so I had to replace it.

   ____

4. The athlete's strength was exhausted, and he had to withdraw.

   ____

＊evacuee「避難者」／account number「口座番号」／replace「交換する」／strength「体力」／withdraw「退く」

解答
[英作文・エクササイズ] 1. banks / giving　2. gave / out　3. gave / out / after
[書き換え・エクササイズ] 1. Police and firefighters gave out water and food to evacuees.(警察や消防士たちが避難者に水と食料を配布しました。)　2. Never give out your password or account number over the phone.(電話では決してパスワードや口座番号を言わないでください。)　3. My old TV finally gave out, so I had to replace it.(古いテレビがついに壊れてしまい、交換しなければなりませんでした。)　4. The athlete's strength gave out, and he had to withdraw.(そのアスリートは体力が尽き、[途中で競技から] 退かなければなりませんでした。)

063 Give away

意味① ／ provide something for free
意味② ／ give an advantage to an opponent (sports)
意味③ ／ accidentally reveal a secret

give「与える」とaway「あちらへ」の組み合わせでは、**通常は有料のものを「無料で与える」**という意味がもっとも基本的。なにかをgive awayするときには、見返りを求めることはない。

また、この「ただで与える」というニュアンスから、スポーツなどで**「自分で重大なミスなどをした結果、ただで敵にアドバンテージを与える；献上する；許す」という意味にもなる。**

もうひとつ、やってはいけないことをするというニュアンスから、**「（秘密にしておくべきことを）漏らす；暴露する」**という意味にもなる。これは誕生日のサプライズを相手に漏らしてしまった場面などで使われる。

シャドーイング・エクササイズ

DL-063

▶ 音声を聞きながらシャドーイングしてみよう。

1. That movie theater is **giving away** free popcorn during the day.
   あの映画館は昼間に無料のポップコーンを配っています。
2. The rock band is **giving away** tickets to promote their concerts.
   そのロックバンドは、コンサートのプロモーションのためにチケットを無料で配っています。
3. The baseball coach **gave away** the game by making a bad decision.
   その野球コーチは誤った判断によって試合の勝利を相手に献上しました。
4. Don't **give away** the ending of that movie!
   その映画のエンディングは言わないでください！
5. The woman looked young, but her fashion **gave away** her age.
   女性は若く見えましたが、ファッションで彼女の年齢がわかりました。

＊during the day「昼間」／decision「判断；決断」

英作文・エクササイズ

▶ phrasal verbや他の語句を空所に入れ、日本語と同じ意味の英文を作ろう。

1. その航空会社はビジネスクラスへの無料アップグレードを行っています。
The airline is ________ ________ free upgrades to business class.

2. その候補者は浮気を認めてしまい、選挙に敗退しました。
The candidate ________ ________ the ___________ when he admitted to the affair.

3. かつてマジシャンはだった男は手品の秘密をバラしたことで物笑いになりました。
The former magician was ridiculed ______ _________ _______ the magic trick's secret.

＊candidate「候補者」／affair「浮気；不倫」／ridicule「嘲笑する」

書き換え・エクササイズ

▶ 次の各センテンスをphrasal verbを使って書き換えよう。

1. That restaurant is providing a free bottle of wine if you spend $100.

____

2. The famous actor donated millions of dollars as a philanthropist.

____

3. The Giant's allowed four runs in the very first inning!

____

4. Poker players try to reveal as little information as possible.

____

＊philanthropist「慈善家」／first inning「初回」／reveal「漏らす」

解答 [英作文・エクササイズ] 1. giving / away 2. gave / away / election 3. for / giving / away [書き換え・エクササイズ] 1. That restaurant is giving away a free bottle of wine if you spend $100.(そのレストランで100ドル使えば無料のボトルワインをもらえます。) 2. The famous actor gave away millions of dollars as a philanthropy.(慈善家として有名な俳優が数百万ドルを寄付しました。) 3. The Giant's gave away four runs in the very first inning!(ジャイアンツは初回から、相手に4点を献上しました!) 4. Poker players try to give away as little information as possible.(ポーカーのプレイヤーはできるだけ情報を漏らさないようにします。)

064 Give up

意味①／stop doing something without finishing it
意味②／stop a bad habit
意味③／surrender

give upには「与える」という要素を含んだ意味がほとんどないため、トリッキーだ。

このフレーズの基本的な意味は「やめる」。**「トライしていることをやめる」「なにかを達成することをやめる」など、日本語の「諦める」に相当する意味になる。** give up trying to ... やgive up on ... の形で用いられることが多い。

give upのもうひとつのニュアンスは**「習慣になっていることをやめる」**だ。喫煙の習慣などの**悪癖をやめるような場面での使用が一般的**だ。

さらに、「諦める」というニュアンスから転じて**「降参する」**という意味にもなる。**抵抗の意志をなくして相手に降参する**といったニュアンスで使われる。

シャドーイング・エクササイズ

▶ 音声を聞きながらシャドーイングしてみよう。

1. I **gave up** trying to change her mind.
   彼女の気持ちを変えようとすることは諦めました。
2. I **gave up** on the puzzle after 30 minutes.
   そのパズルは30分で諦めました。
3. My friend **gave up** smoking when his daughter was born.
   娘が生まれたとき、私の友人は喫煙をやめました。
4. You should **give up** gambling before you go broke!
   一文無しになる前にギャンブルをやめるべきです！
5. The boxer **gave up** after only two rounds.
   そのボクサーはたった2ラウンドで降参しました。

＊change someone's mind「…の気持ちを変える」／gambling「ギャンブル」

英作文・エクササイズ

▶ phrasal verbや他の語句を空所に入れ、日本語と同じ意味の英文を作ろう。

1. 内閣は外交を諦めないよう首相に求めました。
The cabinet urged the prime minister not _____ _______ _____ on diplomacy.

2. 薬物をやめるのは専門家の助けがなければ容易ではありません。
_________ _____ drugs isn't easy _________ professional help.

3. 数カ月のガンとの闘病のあと、女性は諦めて治療をやめました。
_________ battling cancer for months, the woman _______ _____ and stopped treatment.

＊urge「説得する；促す；求める」／diplomacy「外交」／treatment「治療」

書き換え・エクササイズ

▶ 次の各センテンスをphrasal verbを使って書き換えよう。

1. The adopted man never stopped trying to find his birth parents.

____

2. At 90, he had no choice but to quit playing golf.

____

3. The doctor told me I had to stop eating food high in cholesterol.

____

4. The weary soldiers raised their hands and surrendered.

____

＊adopted「養子になった」／birth parents「生みの親」／choice「選択肢」／cholesterol「コレステロール」／weary「非常に疲れた；疲れ果てた」

Chapter 2 ネイティブがお勧めする Phrasal Verbs 40

解答

［英作文・エクササイズ］1. to / give / up　2. Giving / up / without　3. After / gave / up
［書き換え・エクササイズ］1. The adopted man never gave up trying to find his birth parents.（養子になった男性は決して生みの親を探すことを諦めませんでした。）　2. At 90, he had no choice but to give up playing golf.（90歳の年齢で、彼はゴルフのプレーをやめざるを得ませんでした。）　3. The doctor told me I had to give up eating food high in cholesterol.（医者は私にコレステロールの高い食事を取るのをやめねばならないと言いました。）　4. The weary soldiers raised their hands and gave up.（精根尽き果てた兵士たちは、両の手を挙げて降参しました。）

065 Get to

意味① ／ arrive at a particular place
意味② ／ be allowed or able to do something
意味③ ／ be bothered by someone or something

まず、get to ＋「場所」で **「…に到着する」** という意味になるのは中学生でも理解しているだろう。同じ意味になる動詞にはreach「到着する」がある。

この到着のニュアンスから、**「（努力や苦労の末）なにかやりたかったことをやる許可を与えられたり、チャンスを得る」** という意味も出てくる。didn't get to ... と否定文で使われると残念な気持ちを含んだ表現になる。

さらに **「だれかの嫌な行為や言葉、あるいは騒音など迷惑なものが自分に届く」** というニュアンスもある。その結果 **「イライラさせる」** という意味が出てくる。

シャドーイング・エクササイズ　DL-065

▶ 音声を聞きながらシャドーイングしてみよう。

1. We **got to** the airport two hours early.
   私たちは2時間早く空港に到着しました。

2. We won't **get to** our hotel until after 9:00 pm.
   午後9時前にはホテルに到着しません。

3. I **got to** snorkel for the first time last week.
   先週はじめてシュノーケルで泳ぐ機会に恵まれました。

4. In the US, kids **get to** start driving when they turn 16.
   16歳になると、アメリカの子どもたちは運転を始められるようになります。

5. The heat was **getting to** me, so I went inside.
   暑さにイライラして中に入りました。

＊snorkel「シュノーケリングをする」／turn ...「…歳になる」

英作文・エクササイズ

▶ phrasal verb や他の語句を空所に入れ、日本語と同じ意味の英文を作ろう。

1. ちょうど日の出のときに山の頂上に到着しました。

We ______ _____ the peak of the mountain right at ________.

2. VIPパーティーでトム・クルーズに会う機会がありました。

I ______ _____ meet Tom Cruise at the VIP party.

3. 彼の言うことにイライラしないで！

Don't ______ what he says ______ _____ you!

＊peak「頂上；頂」／what he says「彼が言うこと；彼の言葉」

Chapter 2

ネイティブがお勧めする Phrasal Verbs 40

書き換え・エクササイズ

▶ 次の各センテンスをphrasal verbを使って書き換えよう。

1. We arrived at the station in plenty of time.

____

2. On our honeymoon we had the chance to swim with dolphins.

____

3. I was permitted to leave the hospital two days after my operation.

____

4. I don't like camping because the mosquitoes really bother me.

____

＊in plenty of time「十分な時間的余裕をもって」／dolphin「イルカ」／permit「許可する」

解答

[英作文・エクササイズ] 1. got / to / sunrise　2. got / to　3. let / get / to

[書き換え・エクササイズ] 1. We got to the station in plenty of time.（私たちは十分な余裕をもって駅に到着しました。）　2. On our honeymoon we got to swim with dolphins.（ハネムーンでイルカと泳ぐ機会に恵まれました。）　3. I got to leave the hospital two days after my operation.（手術の2日後には退院を許可されました。）　4. I don't like camping because the mosquitoes really get to me.（蚊にイライラさせられるので、キャンプするのが嫌いなんです。）

066 Get out

意味①／leave or escape a place or situation
意味②／remove a stain from clothing
意味③／gain an advantage or benefit/profit

ここではget outのもっともよく使われる意味を3つ紹介する。まず最初は**「危険な状況や否定的な状況から脱出する」**という意味での用法。ただし、**get out of bed「ベッドから出る」のようにごくふつうの意味で「出る」場合にも用いられる。**Get out! という命令文は「(危ないから) 外に出ろ！」と警告する場合にも、相手にムカついて「出ていけ！」と言う場合にも用いられる。

また、このほかget outは**「(布などの) 汚れ・染みを取る」**という意味でも使われる。

さらに、**「(行為の見返りとして) 利益を得る」**という意味にもなる。これはWhat do I get out of it?!「そこから私はどのような利益を得られる?！」のように使われる。

3つの用法はいずれも後ろにofを伴って使用されることが多い。

シャドーイング・エクササイズ　DL-066

▶ 音声を聞きながらシャドーイングしてみよう。

1. The family **got out** of the burning house safely.
   その家族は燃えさかる家から安全に脱出しました。
2. We didn't **get out** of the meeting until well after 9 pm.
   午後9時をだいぶ過ぎる頃まで会議で拘束されました。
3. I couldn't **get** the coffee stain **out** of my dress shirt.
   ワイシャツからコーヒーの染みを抜くことができませんでした。
4. If I help you, what will I **get out** of it?
   あなたを手伝ったら、私にはどんな利益がありますか?
5. I invested $500 and **got** $600 **out** of the deal.
   その取引に500ドル投資して、600ドルを得ました。

＊safely「安全に」／stain「染み」／invest「投資する」

英作文・エクササイズ

▶ phrasal verbや他の語句を空所に入れ、日本語と同じ意味の英文を作ろう。

1. ここから出ていきなさい。さもないと警察を呼びますよ！
   ______ ______ _____ here or I'm going to call the police!

2. 特別な石鹸を使ってカーペットの染みを取りました。
   I got the ________ ______ _____ the carpet using a special soap.

3. 4年間の大学生活から得るものはなにもありませんでした。
   I didn't ______ ___________ ______ of four years of college.

soap「石鹸」／college「大学」

書き換え・エクササイズ

▶ 次の各センテンスをphrasal verbを使って書き換えよう。

1. All of the guests escaped the hotel before the tsunami hit.

   ____

2. I couldn't leave the office until after midnight.

   ____

3. If you want to remove that stain, you will have to take it to the cleaners.

   ____

4. If you study English using this method, you will learn a lot.

   ____

＊hit「襲う」／midnight「深夜；午前0時」／cleaner「クリーニング店」／method「方式；方法」

解答 [英作文・エクササイズ] 1. Get / out / of　2. stain / out / of　3. get / anything / out
[書き換え・エクササイズ] 1. All of the guests got out of the hotel before the tsunami hit.（津波が襲う前にすべての客がホテルを逃れました。）　2. I couldn't get out of the office until after midnight.（深夜0時過ぎまでオフィスを出られませんでした。）　3. If you want to get that stain out, you will have to take it to the cleaners.（その染みを抜きたいのなら、クリーニング店に持っていく必要があるでしょう。）　4. If you study English using this method, you will get a lot out of it.（この方法で英語を学べば、多くの利益があるでしょう。）

067 Get through

意味①／make contact with someone
意味②／make someone understand/listen
意味③／finish an activity or task

get throughにも多くの意味があるが、代表的なもの3つを取り上げる。

ひとつ目は**「(かなりの努力の末に) だれかにコンタクトが取れる；連絡が取れる」**という意味の用法。例えば電話がつながらなかったとき、あるいは留守電を何度か入れあとなどに、やっとつながって話ができたような場合に用いる。

2番目は**「(話を) わからせる」「(意味やメッセージを) 理解させる」「説得する；納得させる」**という意味での使い方だ。**話を理解させたりした結果、相手の考えを変えたりする場合が多い。**

3番目は**「(仕事などを) やり終える」**という意味での使い方。この使い方では後ろに名詞がくる場合は、get through with homeworkのようにwithを伴い、動名詞がくる場合はget through -ingの形になる。

シャドーイング・エクササイズ　DL-067

▶ 音声を聞きながらシャドーイングしてみよう。

1. I finally **got through** to my parents after the earthquake.
   地震のあと、やっと両親と連絡が取れました。
2. I couldn't **get through** to customer service.
   カスタマーサービスに連絡をつけることができませんでした。
3. Nothing you say will **get through** to him when he's angry.
   彼が怒っているときは、なにを言ってもわかってもらえません。
4. We are going out to dinner after we **get through** working.
   仕事を終えたあと、夕食に出かけるつもりです。
5. When you **get through** with breakfast, please wash the dishes.
   朝食が終わったら、洗い物をしてください。

＊earthquake「地震」／customer service「顧客サービス」

英作文・エクササイズ

▶ phrasal verbや他の語句を空所に入れ、日本語と同じ意味の英文を作ろう。

1. ラジオやテレビがなく、彼らにニュースが伝わるまで1週間がかかりました。
With no radio or TV, it took weeks for news to ______ __________ _____ them.

2. 医者がやっと彼を説得し、彼はタバコをやめました。
The doctor finally ______ __________ to him and he quit smoking.

3. その文書の翻訳を終えたら、私に知らせてください。
When you ______ __________ _____________ that document, let me know.

＊quit smoking「タバコをやめる」／translate「翻訳する」

書き換え・エクササイズ

▶ 次の各センテンスをphrasal verbを使って書き換えよう。

1. We couldn't contact anyone during the blizzard.
____

2. After three hours I finally got in touch with my sister in New York.
____

3. I tried to convince her, but she refused to listen.
____

4. When you finish working, please put those tools away.
____

＊blizzard「猛吹雪；暴風雪」／convince「説得する」／refuse「拒否する」／tool「道具」

解答 ［英作文・エクササイズ］1. get / through / to　2. got / through　3. get / through / translating　［書き換え・エクササイズ］1. We couldn't get through to anyone during the blizzard.（猛吹雪の間、だれとも連絡が取れませんでした。）　2. After three hours I finally got through to my sister in New York.（3時間後にやっと、ニューヨークの姉と連絡が取れました。）　3. I tried to get through to her, but she refused to listen.（彼女を説得しようとしましたが、彼女は聞くのを拒みました。）　4. When you get through working, please put those tools away.（仕事が終わったら、その道具を片づけてください。）

068 Get over

意味① / move/hurry/go towards someone or something
意味② / stop feeling bad or guilty about something
意味③ / recover from a cold or sickness

get overの基本的な意味は**「(だれか・どこか)に向かって進む;移動する」**。これは緊急の場面や指示を出すとき、あるいは強い要求などを行うときによく用いられる。また**「(近所の店や郵便局までちょっとした用事で)出かける」**という意味にもなるが、この場合も急ぎのニュアンスが含まれる。

get overには**「乗り越える;克服する;立ち直る」**といった意味もある。否定的な状況から立ち直る、落ち込んだ気持ちから回復するといった場面で用いられる。

また、**風邪やアレルギーなど「(病気から)回復する;治癒する」**という意味での用法もある。

シャドーイング・エクササイズ 

▶ 音声を聞きながらシャドーイングしてみよう。

1. **Get over** here and help me clean this up!
   こちらに来てこれをきれいにするのを手伝って!
2. I need to **get over** to the bank before it closes.
   閉まる前にちょっと銀行に寄る必要があります。
3. I will never **get over** losing that match.
   あの試合に負けたことを忘れることは決してないでしょう。
4. He never **got over** his wife divorcing him.
   妻との離婚から彼が立ち直ることは決してありませんでした。
5. My sister just **got over** the flu.
   姉はインフルエンザから回復したところです。

*match「試合」/divorce「離婚する」/flu「インフルエンザ」

英作文・エクササイズ

▶ phrasal verbや他の語句を空所に入れ、日本語と同じ意味の英文を作ろう。

1. タクシーを捕まえて、すぐにオフィスに来てください！
   Grab a taxi and ______ ______ ______ the office right away!
2. 自動車事故を起こしたことから彼が立ち直るまで何年もかかりました。
   It ______ him years to ______ ______ causing the car accident.
3. 彼が病気から回復するまでほぼ4カ月かかりました。
   It took him almost four months ______ ______ ______ his illness.

＊grab「捕まえる」／cause「起こす」／accident「事故」／illness「病気」

書き換え・エクササイズ

▶ 次の各センテンスをphrasal verbを使って書き換えよう。

1. Hurry over here and help me move these boxes!

   ____

2. She never stopped feeling guilty about cheating on her husband.

   ____

3. The elderly couple never stopped hurting over the death of their children.

   ____

4. After months of treatment, he finally recovered from his injuries.

   ____

＊guilty「罪の意識がある」／cheat on ...「…を裏切って浮気する」

解答
[英作文・エクササイズ] 1. get / over / to　2. took / get / over　3. to / get / over
[書き換え・エクササイズ] 1. Get over here and help me move these boxes!（こっちに来てこの箱の移動を手伝って！）　2. She never got over cheating on her husband.（彼女が夫を裏切って浮気した事実を忘れることは決してありませんでした。）　3. The elderly couple never got over the deaths of their children.（年老いた夫婦が子どもの死から立ち直ることは決してありませんでした。）　4. After months of treatment, he finally got over his injuries.（数カ月の治療の末、彼はとうとうケガから回復しました。）

069 Get back

意味① ／ return from somewhere
意味② ／ receive something (back)
意味③ ／ continue doing; start something again after stopping

このget backというフレーズの場合、「戻る」というニュアンスが強くbackが大きな役割を果たしている。

基本の意味合いは、「(離れた場所から) 戻ってくる」だ。家に戻ることを指す場合も、国に戻ることを指す場合もあり、使われる状況はさまざまだ。get back from ...「…から戻ってくる」、get back to ...「…へ戻る」のようにfromやtoと組み合わせて使われる。

また **「(なにかを) 取り戻す」「再び手に入れる」** という意味の使い方もある。この場合はget ... back (from ...)というパターンで使うのが基本的な用法だ。

さらに、**「(一時期停止していた行動を) 再開する」** という意味での使い方もある。この用法はget back to ... の形で用いられることが多い。

シャドーイング・エクササイズ　DL-069

▶ 音声を聞きながらシャドーイングしてみよう。

1. My neighbors **got back** from Okinawa yesterday.
   お隣さんは昨日、沖縄から戻ってきました。

2. We aren't going to **get back** to Japan until the 15th.
   15日までは日本へは戻りません。

3. I finally **got** my laptop **back** from the repair shop.
   やっと修理店からラップトップが戻ってきました。

4. I **got** 500,000 yen in taxes **back** from the government.
   政府から50万円の税金が戻ってきました。

5. When it gets warmer, I'll **get back** to playing golf.
   もっと暖かくなったら、ゴルフを再開します。

＊laptop「ラップトップ・コンピューター」／government「政府」

英作文・エクササイズ

▶ phrasal verbや他の語句を空所に入れ、日本語と同じ意味の英文を作ろう。

1. 夫は来週まで出張から戻りません。
   My husband won't ______ ______ ______ his business trip until next week.
2. レストランに置き忘れたあと、お財布が戻ってきました。
   I ______ my wallet back ______ leaving it ______ the restaurant.
3. ほんとうに英語の勉強を再開する必要があります。
   I really need to ______ ______ to ______ English.

＊business trip「出張」／leave「置き忘れる」

書き換え・エクササイズ

▶ 次の各センテンスをphrasal verbを使って書き換えよう。

1. When is the manager going to return from the meeting?
   ____
2. When I returned to Japan ten years later, a lot had changed.
   ____
3. I received $200 as in-store credit after buying a $1,000 TV.
   ____
4. After 2 years of injuries the world-class skier finally returned to competition.
   ____

＊in-store credit「店で使える金券」／world-class「世界で一流の」／competition「競技（会）」

解答 ［英作文・エクササイズ］1. get / back / from　2. got / after / at　3. get / back / studying　［書き換え・エクササイズ］1. When is the manager going to get back from the meeting?（マネージャーはいつ会議から戻りますか？）　2. When I got back to Japan ten years later, a lot had changed.（10年後日本に戻ると、いろいろなものが変わっていました。）　3. I got $200 back as in-store credit after buying a $1,000 TV.（千ドルのテレビを買ったあと、200ドルが店で使える金券として戻ってきました。）　4. After 2 years of injuries the world-class skier finally got back to competition.（2年のケガの後、世界でも一流のスキー選手が競技に戻ってきました。）

070 Go away

意味① ／ go/travel somewhere distant
意味② ／ leave a person alone
意味③ ／ no longer exist or be noticeable

go awayの基本の意味は、**「話者が話をしている場所からどこか離れた場所に向かって行く」＝「出かける」**だ。「ある程度離れた場所へ行き、ある程度の時間そこに留まる」というニュアンスで使われることに注意。よって、この用法のgo awayと置き換え可能な動詞はtravelということになる。

２番目の意味は「（だれかを残して）立ち去る；どこかへ行く；離れる」。これは特に**相手が気に入らなかったり、厄介あるいは面倒、危険だったりする場面でGo away!「あっちへ行け；消え失せろ」といった形で用いられる。**

「存在しなくなる」「認識できなくなる」という意味の使い方もある。嵐や蕁麻疹など次第に消えてなくなるものに関してよく用いられるが、病気に関する使用がもっとも多い。

シャドーイング・エクササイズ DL-070

▶ 音声を聞きながらシャドーイングしてみよう。

1. They **went away** to their summer house in Karuizawa.
   彼らは軽井沢にある夏の別荘に出かけました。

2. Mr. Smith **went away** on a business trip.
   スミスさんは出張に出かけました。

3. Stop bothering me and **go away**!
   うるさいなあ、どこかに行って！

4. Take this medicine and the pain will **go away**.
   この薬を飲めば痛みはなくなりますよ。

5. It was several days before the bruises **went away**.
   青あざがなくなるまでに数日かかりました。

＊summer house「夏の別荘」／bother「困らせる；邪魔をする」／bruise「青あざ」

英作文・エクササイズ

▶ phrasal verbや他の語句を空所に入れ、日本語と同じ意味の英文を作ろう。

1. 子どもたちが家を出て大学に行くことを「巣立ち」と呼びます。
   When children _____ _______ _____ college, we call it "leaving the nest."

2. 不安なことに、よそ者は立ち去ろうとしませんでした。
   To her dismay, the stranger wouldn't _____ _______ .

3. いったん入院すると、彼の熱は引きました。
   His ________ _______ _______ once he was hospitalized.

＊nest「巣」／to one's dismay「がっかりしたことに；心配なことに；不安なことに」／stranger「よそ者」／hospitalize「入院させる」

書き換え・エクササイズ

▶ 次の各センテンスをphrasal verbを使って書き換えよう。

1. Why don't we travel somewhere this weekend?

   ____

2. Leave me alone! I'm trying to study!

   ____

3. This headache just won't stop, no matter what I try.

   ____

4. Your problems aren't going to disappear unless you confront them.

   ____

＊somewhere「どこか」／headache「頭痛」／no matter what I try「どうやっても；どうしても」／disappear「消える」／confront「立ち向かう」

解答

[英作文・エクササイズ] 1. go / away / to　2. go / away　3. fever / went / away
[書き換え・エクササイズ] 1. Why don't we go away somewhere this weekend?(今週末どこかに出かけませんか?)　2. Go away! I'm trying to study!(あっちへ行って！勉強しようとしているんだよ！)　3. This headache just won't go away, no matter what I try.(なにをやっても、この頭痛がまったく治らないんです。)　4. Your problems aren't going to go away unless you confront them.(立ち向かうまでは、あなたの問題は解消しませんよ。)

071 Go down

意味① ／ move to a lower position or place
意味② ／ be reduced; become smaller; shrink
意味③ ／ stop functioning

go downの基本の意味は「下がる；下る」「低い場所に行く；移動する」「沈む」「落ちる；墜落する」。go down to ... で「…へ下る」となる。ちなみに、2階から1階へ移動することはgo downstairsと表現する。ただし、**go down the hall/street「廊下・通りを進む」のようにdown「下がって」の意味が含まれない場合もある**ので注意したい。

また、このフレーズは、なにかの数が減ったり、減少したりする場面でも **「下落する；悪化する」** などの意味でよく使われる。

最後に、**「適切に機能しなくなる」** という意味もある。通常、大規模な機械やシステムが機能しなくなる場合に用いる。この意味のgo downはcrash「壊れる；故障する；クラッシュする」と置き換えられる。

シャドーイング・エクササイズ　DL-071

▶ 音声を聞きながらシャドーイングしてみよう。

1. We **went down** to the lobby in the elevator.
   私たちはエレベーターでロビーまで降りました。
2. We should leave before the sun **goes down**.
   太陽が沈む前に出発すべきです。
3. The stock market **went down** after the major earthquake.
   大地震の後、株式市場が下落しました。
4. We can expect our sales to **go down** next quarter.
   次の四半期には売上が下がることが予想できます。
5. This is the third time this week our internet has **gone down**.
   うちのインターネットが機能しなくなったのは今週これで3回目です。

＊stock market「株式市場」／quarter「四半期」

英作文・エクササイズ

▶ phrasal verbや他の語句を空所に入れ、日本語と同じ意味の英文を作ろう。

1. 車の窓が壊れて下がりませんでした。

The car window ______ broken and wouldn't _____ _______.

2. 石油価格は需要の低下によって下落しました。

The price of oil _______ _______ due to lowered demand.

3. 暴風雨で打撃を受けて、携帯電話のネットワークが故障しました。

The cell network _______ _______ when the ________ hit.

＊lowered demand「需要の低下」／cell network「携帯電話ネットワーク」／storm「暴風雨；嵐」

書き換え・エクササイズ

▶ 次の各センテンスをphrasal verbを使って書き換えよう。

1. We descended the stairs carefully because of the ice.

____

2. Your blood pressure will decrease if you change your eating habits.

____

3. The small commuter plane crashed in the Japanese Alps.

____

4. Our production lines stopped functioning due to the power outage.

____

＊descend「下る；降りる」／blood pressure「血圧」／decrease「減少する；下がる」／commuter plane「（通勤用の）小型飛行機」／production line「製造ライン」／power outage「停電」

解答 [英作文・エクササイズ] 1. was / go / down　2. went / down　3. went / down / storm
[書き換え・エクササイズ] 1. We went down the stairs carefully because of the ice.（氷があったので、注意深く階段を降りました。）　2. Your blood pressure will go down if you change your eating habits.（食習慣を変えれば、あなたの血圧は下がるでしょう。）　3. The small commuter plane went down in the Japanese Alps.（小型の飛行機が日本アルプスで墜落しました。）　4. Our production lines went down due to the power outage.（停電によって、わが社の生産ラインは機能停止しました。）

072 Go by

意味①／pass someone or something
意味②／make a short trip somewhere close
意味③／rely on some information

go「行く；進む」＋ by「側を」の組み合わせの**基本の意味は「（なにか・だれか）の側を通過する」。**また**「時間が経過する」という意味での使用法もある。**必ずではないが、スピード感をもって通過する印象を与える場合がある。

次の意味は**近所の店や銀行、郵便局などに「ちょっと立ち寄る」。**run by, stop by, drop byなどもこれと同じ意味で用いられている。

さらに、**「（書かれた指示や口頭の指示などに）従って行動する」「（なんらかの情報を）信頼する；信じる」**という意味もある。

シャドーイング・エクササイズ　DL-072

▶ 音声を聞きながらシャドーイングしてみよう。

1. We waved to the children as they **went by**.
   私たちは側を通過した子どもたちに手を振りました。
2. The truck **went by** us so fast our car shook.
   トラックがかなりのスピードで通り過ぎたので、私たちの車が振動しました。
3. I **went by** the post office to pick up some stamps.
   切手を買うために郵便局に立ち寄りました。
4. Don't **go by** what he says because he's wrong.
   彼は間違っているので、彼の言葉には従わないでください。
5. Don't **go by** that clock; it's broken.
   あの時計は信頼しないで。壊れていますから。

＊wave「手を振る」／shake「振動する」／stamp「切手」

英作文・エクササイズ

▶ phrasal verb や他の語句を空所に入れ、日本語と同じ意味の英文を作ろう。

1. 引退して以来、1年がさらに速く過ぎるような気がします。
   Since I retired, the years seem _____ _____ _____ more quickly.
2. ちょっとコンビニに寄って牛乳を買ってくる必要があります。
   I _______ to _____ _____ the convenience store and get some milk.
3. 料理するとき、レシピには決して従いません。
   I ________ _____ _____ the recipe when I cook.

＊retire「引退する」／convenience store「コンビニ」／recipe「レシピ」

書き換え・エクササイズ

▶ 次の各センテンスをphrasal verbを使って書き換えよう。

1. We cheered on the marathon runners as they passed.

   ____

2. I stopped at my parent's house and visited for a while.

   ____

3. If you go to the store, get me a pack of cigarettes.

   ____

4. I followed your advice and asked for a raise.

   ____

＊cheer on「(継続的に) 声援を送る」／visit「雑談する；おしゃべりする」／cigarette「タバコ」／raise「昇給」

解答

[英作文・エクササイズ] 1. to / go / by 2. need / go / by 3. never / go / by
[書き換え・エクササイズ] 1. We cheered on the marathon runners as they went by.(通り過ぎるマラソンランナーに声援を送りました。) 2. I went by my parent's house and visited for a while.(両親の家にちょっと寄って、しばらくおしゃべりしました。) 3. If you go by the store, get me a pack of cigarettes.(お店に寄るのなら、タバコをひと箱買ってきてください。) 4. I went by your advice and asked for a raise.(あなたのアドバイスに従って、昇給を願い出ました。)

073 Go off

意味① ／ go somewhere (away from speaker)
意味② ／ make a sudden sound/explosion
意味③ ／ express anger at/yell at/berate someone

go offにも非常に多くの意味があるが、ここでは3つを取り上げる。

最初の意味はgo「行く」＋ off「離れて；向こうへ」→ **「（どこかへ）立ち去る；行く」** だ。通常 **なんらかの目的をもってどこかへ行く** ことを指す。She went off on an errand.「彼女はお使いに行きました」はその例だ。また話者にとってその人物が **どこに向かったか定かでない場面で使われることが多い。**

go offは **「大きな音が突然鳴り出す」** という意味でも使われる。目覚まし時計や爆弾の爆発、銃声、火災報知器などの大きな音が突然始まるようなときに用いられる。また **「機械などが突然作動する」** という意味にもなる。

突然の大音量のイメージから転じて、**「（怒りでだれかに向かって）大声を上げる」** という意味にもつながった。この場合go off on ... の形で用いられるのがふつうだ。

シャドーイング・エクササイズ　DL-073

▶ 音声を聞きながらシャドーイングしてみよう。

1. Tom **went off** that way about five minutes ago.
   トムは5分ほど前にあの道を去って行きました。
2. The police officer **went off** in a big hurry.
   警察官は大急ぎで立ち去りました。
3. The gun **went off** by accident.
   拳銃は偶然暴発しました。
4. I set my alarm to **go off** at 6 am.
   午前6時に目覚ましが鳴るようにセットしました。
5. The coach **went off** on the players after the game.
   コーチは試合のあと選手たちに向かって大声を上げました。

＊police officer「警察官」／by accident「偶然」／alarm「目覚まし時計」

英作文・エクササイズ

▶ phrasal verbや他の語句を空所に入れ、日本語と同じ意味の英文を作ろう。

1. ジョーはバーで会った女性とどこかへ行きました。
   Joe _______ _____ _______ the woman he met at the bar.
2. カブールの賑やかな市場で急に爆弾が爆発しました。
   The bomb _______ _____ in a busy _________ in Kabul.
3. 上司は遅刻した私に向かって大声を上げました。
   My boss _______ ______ _____ me for being late.

＊bomb「爆弾」／busy「賑やかな」

書き換え・エクササイズ

▶ 次の各センテンスをphrasal verbを使って書き換えよう。

1. After the argument he left for somewhere to calm down.
   ____
2. The patrons rushed to the exits when the fire alarm sounded.
   ____
3. Police defused the bombs before they could explode.
   ____
4. I yelled at my neighbor for playing loud music again.
   ____

＊argument「口論；口ゲンカ」／patron「顧客；贔屓客」／fire alarm「火災報知器」／defuse「(爆弾などの)信管を取り除く」／yell「大声を上げる」

解答

[英作文・エクササイズ] 1. went / off / with　2. went / off / market　3. went / off / on
[書き換え・エクササイズ] 1. After the argument he went off to calm down.(口論のあと落ち着くために、彼は立ち去りました。)　2. The patrons rushed to the exits when the fire alarm went off.(火災報知器が突然鳴り出すと顧客たちは慌てて出口へ向かいました。)　3. Police defused the bombs before they could go off.(爆弾が爆発する前に警察が信管を取り除きました。)　4. I went off on my neighbor for playing loud music again.(また大音量で音楽を流したので、私は隣人に大声を上げました。)

074 Come down

意味① ／ reduce in number; move to a lower position
意味② ／ become sick or ill
意味③ ／ criticize, reprimand or punish harshly

come downの基本の意味は**「低い場所に移動する」「（数値が）減る」**だ。この用法では後ろに前置詞を伴わない。

ふたつ目に、come downには、**インフルエンザやその他の「（病気に）罹る」**という意味がある。この使い方では必ず**後ろにwithを伴っている点に注意**したい。

3つ目の意味は**「（強く）批判する；叱る；罰する」**だ。これは**後ろに「on＋人；グループ」を伴って用いられる。**この意味は少しイメージしづらいかもしれないが、頭にきた人が相手をノックダウンする映像を思い浮かべると理解しやすいかもしれない。「強い批判」や「強い叱責」を表すことが多いため、come down hard on ... の形で使われることも多い。

シャドーイング・エクササイズ

DL-074

▶ 音声を聞きながらシャドーイングしてみよう。

1. The plane **came down** out of the clouds.
   飛行機は雲を出て下降しました。
2. The interest rate should **come down** soon.
   金利はすぐに下がるはずです。
3. My son **came down** with a fever.
   息子は発熱で伏せっていました。
4. The teacher **came down** hard on her for talking in class.
   授業中に話したことで、先生は彼女を強く叱りました。
5. His father **came down** hard on him for stealing.
   彼の父は盗みをしたことで彼を厳しく罰しました。

＊interest rate「金利」／fever「熱」／stealing「盗み；窃盗」

英作文・エクササイズ

▶ phrasal verbや他の語句を空所に入れ、日本語と同じ意味の英文を作ろう。

1. 需要が落ち込んだので、物価は下落するはずです。

   Prices should _______ _______ now _______ demand has slowed.

2. 風邪を引きかけているのかもしれません。

   I think I might be _________ _______ _______ a cold.

3. 判事は被告を強く非難し、彼の投獄を宣告しました。

   The judge _______ _______ hard _____ the accused, sentencing him to jail.

＊prices「物価」／demand「需要」／accused「被告」／sentence「判決を下す」／jail「監獄；刑務所」

書き換え・エクササイズ

▶ 次の各センテンスをphrasal verbを使って書き換えよう。

1. We hope to buy a house as soon as the mortgage rates fall.

   ____

2. After two days of misery, his temperature started to drop.

   ____

3. My cousin caught malaria when traveling in Central America.

   ____

4. The coach severely punished the athletes who cheated.

   ____

＊mortgage rate「住宅ローン金利」／misery「苦痛；痛み」／malaria「マラリア」／punish「罰する」／cheat「いかさまをする」

解答 ［英作文・エクササイズ］1. come / down / that　2. coming / down / with　3. came / down / on　［書き換え・エクササイズ］1. We hope to buy a house as soon as the mortgage rates come down.（住宅ローン金利が下がるとすぐに家を購入したいと思っています。）2. After two days of misery, his temperature started to come down.（2日間の苦しみのあと、彼の熱は下がり始めました。）　3. My cousin came down with malaria when traveling in Central America.（私のいとこは中米を旅行中にマラリアに感染しました。）　4. The coach came down hard on the athletes who cheated.（コーチはいかさまをした選手を厳しく処罰しました。）

075 Go over

意味① ／ visit, move towards someone or something
意味② ／ carefully review or check for accuracy
意味③ ／ exceed or surpass

go overは「越えて行く；渡って行く；向こうへ行く」が文字どおりの意味。そこから**「どこかへ行く」**という意味が出てくる。**川や橋などを渡って行く場合のみに限らず、「(ちょっとどこかへ) 行く」という意味でも使われる。**go over toの形での使用が多い。

また、**「(文字・データ・形状などを観察して間違いがないか) じっくり調べる」**という意味もある。review「再調査する」、check「調べる」、inspect「検査する」などの動詞と置き換えることができる。look over、check over、read overという組み合わせもある。

紹介する最後の意味は**「超える」**だ。これは**なにかの頭上を超えるイメージ**を想像すれば理解しやすいだろう。

シャドーイング・エクササイズ　DL-075

▶ 音声を聞きながらシャドーイングしてみよう。

1. I **went over** to the bakery, but they were closed.
   パン屋さんに行きましたが、閉まっていました。

2. The puppy **went over** to the little girl and licked her hand.
   子犬は少女の元へ行き彼女の手を舐めました。

3. When you finish that report I will **go over** it with you.
   あなたがその報告書を終えたら、いっしょにしっかり確認しますよ。

4. The police officer gave me a ticket for **going over** the speed limit.
   速度制限を超えたので、警察官は私に違反切符を切りました。

5. The ball **went over** the line and the game was over.
   ボールがラインを超え、試合は終了しました。

＊puppy「子犬」／lick「舐める」／ticket「違反切符」／speed limit「制限速度」

英作文・エクササイズ

▶ phrasal verbや他の語句を空所に入れ、日本語と同じ意味の英文を作ろう。

1. あの女性のところへ行って夕食に招待すべきです！
   You should _____ _______ and invite that woman _____ dinner!

2. この数字をもう一度しっかり確認してください。計算が合いません。
   I need you _____ _____ _______ these numbers again; they don't add up.

3. そのプロジェクトは予算オーバーで凍結されました。
   The project _______ _______ budget and was put _____ hold.

＊invite「招待する」／add up「計算が合う」／budget「予算」／put on hold「保留する；凍結する」

書き換え・エクササイズ

▶ 次の各センテンスをphrasal verbを使って書き換えよう。

1. Move to the other side of the room and take a seat.

   ____

2. The couple inspected the apartment carefully and decided not to rent it.

   ____

3. The reporter reviewed thousands of documents before writing his article.

   ____

4. Your spending should not exceed your income.

   ____

＊take a seat「座る；着席する」／rent「借りる」／article「記事」／spending「支出」／income「収入」

解答

[英作文・エクササイズ] 1. go / over / to 2. to / go / over 3. went / over / on
[書き換え・エクササイズ] 1. Go over to the other side of the room and take a seat.（部屋の反対側に行って着席してください。） 2. The couple went over the apartment carefully and decided not to rent it.（カップルはアパートを入念に調べて、借りないことにしました。） 3. The reporter went over thousands of documents before writing his article.（記者は記事を書く前に、何千もの文書を調べました。） 4. Your spending should not go over your income.（支出が収入を超えないようにすべきです。）

076 Go with

意味① / match or agree
意味② / select or choose something

「どこかにだれかといっしょに行く」がgo withの基本の意味。

また、go withは**「(なにかがなにかと) 組をなす」「(なにかがなにかとしっくり) 調和する」**という意味合いでも使われる。That tie goes great with that shirt.「そのネクタイはそのシャツにぴったりだ（調和する）」といった使い方が一般的だ。

また**go withは「なにかを選ぶ；選択する」という意味にもなる。**例えばメニューからなにか料理を選ぶ場面で、I'll go with a steak and fries.「私はステーキとフライドポテトにします」のような形でよく使われる。**レストランでの使用が多いが、ほかのどんなシーンでも選択が必要な場合に使うことが可能だ。**

シャドーイング・エクササイズ　DL-076

▶ 音声を聞きながらシャドーイングしてみよう。

1. White wine supposedly **goes** well **with** pork.
   白ワインと豚肉は、一般によく合うとされています。

2. I **went with** AW over NCC because they were cheaper.
   私は値段が安いので、NCCよりもAWを選びました。

3. These shoes would **go** great **with** my new dress!
   この靴は私の新しいワンピースにすごくぴったりだと思います！

4. I like sake, but I'm going to **go with** beer.
   お酒は好きですが、ビールにします。

5. We need to decide on which realtor to **go with**.
   どちらの不動産業者を選ぶか決める必要があります。

＊supposedly「一般に考えられているところでは」／realtor「不動産業者」

英作文・エクササイズ

▶ phrasal verbや他の語句を空所に入れ、日本語と同じ意味の英文を作ろう。

1. 私たちは明るい茶色の家具セットを選ぶことに決めました。
We decided _____ _____ _______ a light-brown furniture set.

2. そのブラウスはそのスラックスとは合いませんね。
That blouse _________ _____ _______ those slacks.

3. ホウレンソウのサラダにしようと思います。
I think I'll _____ _______ the spinach salad.
＊spinach「ホウレンソウ」

書き換え・エクササイズ

▶ 次の各センテンスをphrasal verbを使って書き換えよう。

1. That tie doesn't match that shirt.
____

2. Those earrings match your outfit nicely!
____

3. At first, he couldn't decide but he finally selected Harvard over Yale.
____

4. My wife chose light blue for the color of our baby's room.
____

＊outfit「衣装一式」

解答
[英作文・エクササイズ] 1. to / go / with 2. doesn't / go / with 3. go / with
[書き換え・エクササイズ] 1. That tie doesn't go with that shirt.（そのネクタイはそのシャツとは合いません。） 2. Those earrings go with your outfit nicely!（そのイヤリングはあなたの衣装によく合っていますね！） 3. At first, he couldn't decide but he finally went with Harvard over Yale.（最初は決められませんでしたが、最終的に彼はイエールでなくハーバードを選びました。） 4. My wife went with light blue for the color of our baby's room.（妻は私たちの赤ん坊の部屋の色に明るい青を選びました。）

077 Hang up

意味① ／ hang something on a peg, hook or hanger
意味② ／ end/disconnect a call
意味③ ／ quit a particular sport/activity

hang upの基本的な意味は「なにかを高い位置に引っ掛ける」。多くの場合、洋服などをハンガーやクローゼットにしまう場面で用いられる。また、ポスターなどを高くよく見える位置に設置することもこのフレーズで表現できる。

「電話を切る」こともhang upで表現する。これは昔の電話が壁掛けで、そこに受話器を戻したことから、この意味で用いられるようになったもの（場合によってだが、**不躾に突然電話を切るという意味になることもある**）。現代の携帯電話でも、「電話を切る」と言いたいときhang upを使うのがもっとも一般的だ。

また、比喩的な表現になり頻度は高くないが、**「（健康上の理由などである活動・スポーツ・趣味などを）やめる」**という意味で用いることもある。

シャドーイング・エクササイズ

▶ 音声を聞きながらシャドーイングしてみよう。

1. You can **hang** your jacket **up** over there.
   ジャケットはあちらに掛けられますよ。
2. We'd like you to **hang up** these flyers around your office.
   御社のオフィスの回りにこのチラシを貼っていただきたいのです。
3. Don't **hang up** on me — this is important!
   電話を切らないでください — これは大事なことなんです！
4. I didn't recognize his voice so I **hung up** on him.
   だれの声だかわからず、電話を切りました。
5. So when did you **hang up** your golf clubs?
   で、いつゴルフをやめたのですか？

＊flyer「チラシ；ビラ」／recognize「認識する；わかる」／golf club「ゴルフのクラブ」

英作文・エクササイズ

▶ phrasal verbや他の語句を空所に入れ、日本語と同じ意味の英文を作ろう。

1. クローゼットがとても小さくて、洋服を掛ける場所が残っていません。
   My closet is so small there's no place left _____ _______ _____ my clothes.

2. メッセージを残さず電話を切る人が嫌いです。
   I hate it when people _______ _____ _________ leaving a message.

3. 40歳で世界的なサッカー選手はとうとう引退しました。
   At 40, the world-class soccer player finally _______ _____ her cleats.

＊message「伝言」／cleats「スパイクシューズ」

書き換え・エクササイズ

▶ 次の各センテンスをphrasal verbを使って書き換えよう。

1. I hang my slacks in the closet and put my jeans in the dresser.

   ____

2. The kids put up pictures of their missing dog all around the neighborhood.

   ____

3. After being put on hold for twenty minutes, he angrily disconnected.

   ____

4. I was forced to quit tennis due to arthritis.

   ____

＊dresser「鏡つきの化粧ダンス」／disconnect「通話中の回線を切る」／arthritis「関節炎」

解答
［英作文・エクササイズ］1. to / hang /up　2. hang / up / without　3. hung / up
［書き換え・エクササイズ］1. I hang up my slacks in the closet and put my jeans in the dresser.（私はスラックスはクローゼットに掛け、ジーンズはドレッサーにしまいます。）　2. The kids hung up pictures of their missing dog all around the neighborhood.（子どもたちはご近所中に行方不明になった犬の写真を貼りました。）　3. After being put on hold for twenty minutes, he angrily hung up.（電話口で20分待たされたあとで、彼は怒って電話を切りました。）　4. I was forced to hang up tennis due to arthritis.（関節炎が原因でテニスをやめざるを得なくなりました。）

078 Hit on

意味① ／ come up with thought or solution
意味② ／ approach/talk to someone sexually attractive

hitの基本的な意味は「叩く；ぶつかる」だが、hit onの組み合わせになると**「（問題・謎・悩みなどの解決方法やアイデア、プランなどを）思いつく」**という意味になる。これはcome up withというフレーズと同じ意味での使い方だ。1語の動詞で置き換えるとしたらdevise「考案する；発明する」が使える。

また、**日本語の「ナンパする；言い寄る」に当たる意味もある。バーや街角で魅力的な人に近づいたり、声をかけたりすることを表す。**ただし、アメリカ人は知らない人によく声をかけるため、強引すぎなければ、ナンパも必ずしも悪いイメージではない。また男性に限定される行動でもない。この意味のhit onはflirt with「口説く；誘惑する」やmake a pass at「口説く；言い寄る」などと置き換えられる。

シャドーイング・エクサイズ　DL-078

▶ 音声を聞きながらシャドーイングしてみよう。

1. Astronomers **hit on** a plan for manned space travel to Mars.
   天文学者たちは、火星への有人宇宙旅行計画を思いつきました。
2. Late in the game the coach **hit on** a solution for winning.
   試合の終わり近くに、コーチは勝利への解決策を考え出しました。
3. Scientists actually **hit on** the idea several years ago!
   そのアイデアは実際数年前に科学者たちが思いついたものです！
4. A cute guy was **hitting on** me at the bar last night.
   昨夜、かわいい男子がバーで私をナンパしてきたんです。
5. Mary tends to **hit on** strangers when she drinks.
   メアリーはお酒を飲むと知らない人をナンパすることが多いのです。

＊astronomer「天文学者」／late in ...「…の終わり近くに；後半に」／solution「解決策」

英作文・エクササイズ

▶ phrasal verbや他の語句を空所に入れ、日本語と同じ意味の英文を作ろう。

1. 何日もブレストしていますが、まだ解決策が思いつきません。
We've been brainstorming for days but haven't ______ ______ a solution ______.

2. やっと新しいネコの名前を思いつきました。
I finally ______ ______ a name for my new cat.

3. あの常連客は女性のバーテンを口説くことで有名です。
That regular is famous ______ ______ ______ the female bartenders.

＊brainstorm「ブレストする」／regular「常連客」／bartender「バーテン」

Chapter 2

書き換え・エクササイズ

▶ 次の各センテンスをphrasal verbを使って書き換えよう。

1. Our marketing team has devised a new advertising strategy.

____

2. I haven't come up with a way to raise the money we need.

____

3. He tips well so all of the waitresses flirt with him.

____

4. She made a pass at him but then noticed his wedding ring.

____

＊devise「考案する」／way「方法」／raise「工面する」

ネイティブがお勧めする Phrasal Verbs 40

解答
[英作文・エクササイズ] 1. hit /on /yet　2. hit / on　3. for / hitting / on
[書き換え・エクササイズ] 1. Our marketing team has hit on a new advertising strategy.（わが社のマーケティング・チームが新しい広告戦略を考え出しました。）　2. I haven't hit on a way to raise the money we need.（必要なお金を工面する方法がまだ思いつきません。）　3. He tips well so all of the waitresses hit on him.（彼はたっぷりチップをくれるので、ウェイトレス全員が彼に言い寄ってきます。）　4. She hit on him but then noticed his wedding ring.（彼女は彼をナンパしましたが、そのとき結婚指輪に気づきました。）

079 Break in

意味① ／ enter a place illegally (by force)
意味② ／ interrupt someone
意味③ ／ use a new item for the first time

break「壊す」＋ in「中に」の組み合わせのbreak inというフレーズは**「不法に建造物に侵入する」**という意味になる。通常は物を盗んだり、その他の犯罪を犯したりする目的で侵入する場合に用いられる。

この「壊して入る」イメージから派生して、break inが**「話の最中に人の邪魔をする」→「話に割り込む；口を挟む」**という意味で使われることもある。会話に関して用いられることが多いが、必ずしもそうとは限らない。

break inのもうひとつの意味は**「新しく購入した物を慣らすためにはじめて、あるいは何度か使用する」→「使い慣らす；履き慣らす」**だ。シンプルに**「新しいものを楽しんで使う」**という意味にもなる。いずれの場合にも対象は靴や洋服など、最初はカラダにしっくりこないものに関してよく用いられる。

シャドーイング・エクササイズ　DL-079

▶ 音声を聞きながらシャドーイングしてみよう。

1. Thieves **broke in** and stole our jewelry.
   泥棒が盗みに入って宝石を盗みました。
2. Someone **broke in** and vandalized our office.
   だれかが押し入って、オフィスを破壊しました。
3. The stranger rudely **broke in** on our conversation.
   見知らぬ人物が私たちの会話に不躾に口を挟んできました。
4. I need to **break in** these new dress shoes.
   この新しいビジネスシューズは履き慣らす必要があります。
5. I can't wait to **break in** my new skis this winter.
   この冬新しいスキーをはじめて使用するのが待ちきれません。

＊thief「泥棒」／vandalize「破壊する」／rudely「不躾に；無礼に」／dress shoes「ビジネスシューズ；フォーマルな靴」

英作文・エクササイズ

▶ phrasal verbや他の語句を空所に入れ、日本語と同じ意味の英文を作ろう。

1. 刑事たちは、まだどうやって泥棒が入ったのか捜査しています。
Detectives are still investigating ______ the robbers ________ _____.

2. ある人物が政治家のスピーチの途中でヤジを飛ばしました。
A heckler ________ _____ on the politician during his _________.

3. まだ履き慣らしていないので、このジーンズは堅いんです。
These jeans are stiff because they haven't _______ _________ _____.

＊detective「刑事」／investigate「捜査する」／heckler「ヤジる人」／stiff「堅い」

書き換え・エクササイズ

▶ 次の各センテンスをphrasal verbを使って書き換えよう。

1. When we returned our home, we realized someone had illegally entered.

____

2. Three high-school students were arrested for intruding.

____

3. A reporter interrupted the TV show to report the catastrophe.

____

4. I'm going to enjoy using my new car by driving to Hokkaido this weekend.

____

＊illogally「不法に」／intrude「侵入する」／interrupt「遮る；割って入る」／catastrophe「大惨事；大災害」

解答

[英作文・エクササイズ] 1. how / broke / in 2. broke / in / speech 3. been / broken / in [書き換え・エクササイズ] 1. When we returned our home, we realized someone had illegally broken in.（家に戻ると、だれかが不法に侵入したことに気づきました。） 2. Three high-school students were arrested for breaking in.（3人の高校生が家宅侵入で逮捕されました。） 3. A reporter broke in during the TV show to report the catastrophe.（テレビ番組の最中に、大災害の報道を行うためにレポーターが割って入りました。） 4. I'm going to break in my new car by driving to Hokkaido this weekend.（今週末は北海道まで新車を初乗りして楽しむつもりです。）

080 Blow away

意味①／be moved by the wind
意味②／feel/become shocked, emotional or overwhelmed
意味③／kill someone with a firearm

blow awayにはいくつかの意味があるが、もっとも一般的なのは**「なにかがが風に動かされる」あるいは「暴風に吹き飛ばされる」**という意味だ。

また、その吹き飛ばされるイメージから、**「なにかを聞いたり見たりしてぶっ飛ばされる」→「驚く；びっくりする」「感動する」「圧倒される」**といった意味も出てくる。これに近いがコンペなどで**「圧勝する」**という意味になる場合もある。

同じぶっ飛ばすイメージから転じて**「撃ち殺す」**という意味にもなる。基本的に**「銃や爆弾を使って殺す」**ことを意味する。ナイフなどでの殺人にはblow awayは用いることができず、killという動詞を用いるのがふつうだ。

シャドーイング・エクササイズ　DL-080

▶ 音声を聞きながらシャドーイングしてみよう。

1. The wind **blew away** the old man's umbrella.
風が年配の男性の傘を吹き飛ばしました。

2. My favorite hat **blew away** when I was taking a boat ride.
ボートに乗っているとき、お気に入りの帽子が飛ばされました。

3. The governor's speech last night **blew** me **away**!
昨夜の知事のスピーチには感動しました！

4. The news of my favorite actor's passing **blew** me **away**.
大好きな俳優の死亡のニュースに驚きました。

5. The deranged killer just **blew away** two innocent bystanders.
たったいま錯乱した殺人鬼がなんの罪もない見物人を射殺しました。
＊deranged「精神錯乱の」／innocent「なんの罪もない」／bystander「見物人；傍観者」

英作文・エクササイズ

▶ phrasal verbや他の語句を空所に入れ、日本語と同じ意味の英文を作ろう。

1. 複数回の強烈な暴風雨が肥沃な表層土を吹き飛ばし、食料生産に影響しました。
   Food production was affected _______ strong storms _______ _______ the fertile topsoil.

2. 友達がとても老け込んだのを見てものすごく驚きました。
   I was _______ _______ when I saw how much my friend had aged.

3. 証人は銀行強盗犯人がふたりを射殺したことを証言しました。
   The _________ testified that the bank robber _______ _______ two people.

＊fertile「肥沃な」／topsoil「表層土」／age「歳を取る；老ける」／witness「目撃者；証人」／testify「証言する」

書き換え・エクササイズ

▶ 次の各センテンスをphrasal verbを使って書き換えよう。

1. The strong winds carried away our clothes we hung out to dry!

   ____

2. The teachers were amazed by the young boy's science project.

   ____

3. The Ethiopian marathon runner defeated his competitors easily.

   ____

4. The escaped convict shot and killed the unarmed police officer.

   ____

＊amazed「驚かされて」／project「課題学習；課題研究」／defeat「負かす」／competitor「競合；競合選手」／convict「有罪犯；囚人」／unarmed「非武装の」

解答　[英作文・エクササイズ] 1. when / blew / away　2. blown / away　3. witness / blew / away　[書き換え・エクササイズ] 1. The strong winds blew away our clothes we hung out to dry!（強い風が乾燥のために干していた服を吹き飛ばしました！）　2. The teachers were blown away by the young boy's science project.（幼い少年の科学の課題学習に教員たちは驚かされました。）　3. The Ethiopian marathon runner blew away his competitors.（そのエチオピアのマラソン選手は、競合選手たちをものともしませんでした。）　4. The escaped convict blew away the unarmed police officer.（逃げた囚人が非武装の警官を射殺しました。）

Chapter

ネイティブが使ってみてほしい Phrasal Verbs 40

—

Useful Phrasal Verbs 40

081 Knock off

意味① ／accidentally or intentionally cause something to fall
意味② ／quit doing something annoying or bothersome
意味③ ／reduce the price of a product

knock「打つ；叩く」＋ off「落ちて」の組み合わせの基本的な意味合いは **「叩いて払いのける；打ち落とす」。** 物をテーブルや台などから払い落とす場合などに使われる。knock off ofの形で使われるのが正式だが、ofは省略されることも多い。

もうひとつの意味は、**「（イライラする行為や鬱陶しいことを）やめる」** というもの。これは**命令文でKnock it off!「（うるさいなあ）やめろよ!」という形でよく用いられる。** また、Knock ... off or else!「…をやめろよ、さもないと！」という形でも使われる。

また、セール品に関してknock offを用いると **「（なにかの値段を一定額、あるいは一定の割合で）値引きする」** という意味になる。discount「値引きする」やreduce the price「値段を下げる」などと置き換えることができる。

シャドーイング・エクササイズ　DL-081

▶ 音声を聞きながらシャドーイングしてみよう。

1. The cat **knocked** the vase **off** the table.
   ネコはテーブルから花瓶を払い落としました。
2. I accidentally **knocked** my coffee cup **off** my desk.
   うっかりぶつけて机からコーヒーカップを落としてしまいました。
3. **Knock off** all that noise! I'm trying to study!
   その音やめてください！勉強しようとしているんですよ！
4. **Knock** it **off** or I'm going to call the police!
   やめてください、さもないと警察を呼びますよ！
5. The salesman **knocked** 10% **off** the price.
   セールスマンは価格を10%値引きしました。

＊accidentally「うっかり」／noise「騒音；気に障る音」

英作文・エクササイズ

▶ phrasal verbや他の語句を空所に入れ、日本語と同じ意味の英文を作ろう。

1. ぶつけてカウンターからグラスを落とし、割ってしまいました。
I ________ my glasses ______ _____ the counter and they broke.

2. そのバカ騒ぎをやめて仕事に取りかかりなさい！
________ ______ that horsing around and get _____ work!

3. 新規顧客だったので、価格を50ドル割り引いてくれました。
They ________ $50 ______ the price because I ______ a new customer.

＊horse around「バカ騒ぎする」／get to ...「…に取りかかる」／customer「顧客」

書き換え・エクササイズ

▶ 次の各センテンスをphrasal verbを使って書き換えよう。

1. I bumped his phone off the table by accident.

____

2. The kids quit running around the house after I yelled at them.

____

3. Can you reduce the price by 20% since it's a display item?

____

4. I tried to get them to discount the item by 10% because of the scratch.

____

＊bump「ぶつける」／quit「やめる」／yell「大声を上げる；叫ぶ」／display item「展示品」／scratch「ひっかき傷；擦り傷」

解答 [英作文・エクササイズ] 1. knocked / off / of　2. Knock / off / to　3. knocked / off / was
[書き換え・エクササイズ] 1. I knocked his phone off the table by accident.（うっかりぶつけて彼の電話をテーブルから落としてしまいました。）　2. The kids knocked off running around the house after I yelled at them.（私が怒鳴ると、子どもたちは家中を走り回るのをやめました。）　3. Can you knock off 20% since it's a display item?（展示品なので20%割引してもらえますか？）　4. I tried to get them to knock off 10% because of the scratch.（ひっかき傷があったので、10%割引させようとしました。）

082 Knock out

意味① ／ try very hard to impress or please someone
意味② ／ render something inoperable; eliminate
意味③ ／ manufacture or accomplish something quickly

knock outの基本的な意味は**「強く殴って相手を気絶させる」**。要するにボクシングで相手を殴り倒すイメージ。**「敗退させる」**という意味にもなる。

ほかにも多くの意味があるが、ここではそのいくつかを紹介しておく。ひとつ目は**「（人のために）努力する；全力を尽くす」**。**全力を出しすぎて気絶してしまうといったイメージ**を浮かべてほしい。I knocked myself out to help her.「彼女の手助けに全力を尽くした」などがその例だ。

knock outの直撃のイメージから**「（なにかの直撃によって）役に立たなくする；不能にする；不通にする；機能を失わせる；壊す」という意味にもなる。**The storm knocked out the cell networks.「嵐によって携帯ネットワークが壊れた」のように使う。

さらにもうひとつ、**「（連続的かつ急いで）製造する；作る；行う」**という意味もある。「叩き出す」という日本語に近いと考えるとわかりやすい。

シャドーイング・エクササイズ　DL-082

▶ 音声を聞きながらシャドーイングしてみよう。

1. I **knocked** myself **out** cooking dinner on our first date.
   最初のデートでは、ごちそう作りに全力を尽くしました。
2. Susan **knocked** herself **out** practicing, so we should go see her play.
   スーザンは練習に全力を尽くしたので、私たちは彼女の演技を観にいくべきです。
3. The solar flares **knocked out** GPS systems worldwide.
   太陽フレアの影響で世界中のGPSシステムが機能不全になりました。
4. The snow caused trees to fall and **knock out** the electricity.
   雪によって木が倒され停電を起こしました。
5. Jim can **knock out** 50 pushups without breaking a sweat.
   ジムは、汗もかかずに連続して50回腕立て伏せができます。

＊solar flare「太陽フレア」／electricity「電気」／pushup「腕立て伏せ」／without breaking a sweat「汗もかかずに」

英作文・エクササイズ

▶ phrasal verbや他の語句を空所に入れ、日本語と同じ意味の英文を作ろう。

1. 上司にいい印象を与えようと、新しい社員は全力を尽くしました。
The new employee ________ himself ______ _____ impress his boss.

2. ドイツのナショナル・チームは1回戦で敗退しました。
The German national team _______ _________ ______ in the first round.

3. トヨタは週に20万台もの自動車を製造しています。
Toyota is __________ ______ two hundred thousand vehicles a week.

＊impress「印象づける；感銘を与える」／first round「1回戦」

書き換え・エクササイズ

▶ 次の各センテンスをphrasal verbを使って書き換えよう。

1. The young apprentice went all out trying to impress his mentor.

____

2. The computer virus rendered our network useless.

____

3. The author wrote three award-winning books in one year!

____

4. Hollywood is producing hundreds of movies, but few hits.

____

＊apprentice「見習い；徒弟」／mentor「師匠；指導教官」／render「…の状態にさせる」／award-winning「受賞作の」

解答

[英作文・エクササイズ] 1. knocked / out / to　2. was / knocked / out　3. knocking / out
[書き換え・エクササイズ] 1. The young apprentice knocked himself out trying to impress his mentor.（若い見習いは師匠を印象づけるために全力を尽くしました。）　2. The computer virus knocked out our network.（コンピューター・ウイルスによってネットワークが停止しました。）　3. The author knocked out three award-winning books in one year!（その作家は、立て続けに1年に3冊、受賞作品を書き上げました！）　4. Hollywood is knocking out hundreds of movies, but few hits.（ハリウッドでは数百もの作品が生み出されていますが、わずかしかヒットしません。）

083 Lay off

意味① ／ terminate a worker's employment
意味② ／ stop doing something

layは「置く；横たえる」が基本の意味。しかし、lay offのもっとも頻繁に用いられる意味はこれとはほど遠く、**「解雇する」あるいは「一時解雇する」。**会社の状況によって人を減らす場面でよく用いられる表現となる。

また、仕事関係ではないが**「ある特定の行動などをやめる」**という意味にもなる。例えば、I need to lay off cigarettes.「タバコをやめる必要がある」のように使われる。**基本的には「ネガティヴな行動をやめる；打ち切る」というニュアンス。**

２番目の意味の一種と言えるが、**「かまうのをやめる」「悩ませるのをやめる」「放っておく」**という意味にもなる。これは、Lay off me!「放っておいて！；いちいちうるさいな！」のような使い方が代表的だ。

シャドーイング・エクササイズ

▶ 音声を聞きながらシャドーイングしてみよう。

1. The company **laid off** a quarter of their workforce.
   その会社は社員の４分の１を解雇しました。
2. My husband got **laid off** the day before Christmas.
   夫はクリスマスの前日に解雇されました。
3. The government plans to **lay off** 50,000 federal workers.
   政府は５万人の連邦政府職員を解雇する計画です。
4. I need to **lay off** junk food for a while.
   しばらくジャンクフードをやめる必要があります。
5. You need to **lay off** the alcohol.
   あなたはアルコールをやめる必要があります。

＊workforce「社員」／federal worker「連邦政府職員」

英作文・エクササイズ

▶ phrasal verbや他の語句を空所に入れ、日本語と同じ意味の英文を作ろう。

1. いくらかの従業員は給料を凍結され、その他は解雇になりました。
   Some employees had wages frozen and others _______ _______ ______.

2. 医者は私に脂っこい食事をやめるようアドバイスしました。
   The doctor advised me _____ ______ ______ fatty foods.

3. 汚い言葉はやめてください、子どもたちがいるんです。
   ______ _____ the bad language please; there are children present.

＊fatty「脂肪分の多い；脂っこい」／bad language「下品な言葉；汚い言葉」／present「居合わせて」

書き換え・エクササイズ

▶ 次の各センテンスをphrasal verbを使って書き換えよう。

1. The struggling company discharged dozens of workers without notice.

   ____

2. My manager and I got dismissed at the same time.

   ____

3. I need to quit drinking coffee because I'm having trouble sleeping.

   ____

4. Leave him alone! He didn't mean to do anything wrong.

   ____

＊struggle「もがく；あがく；苦闘する」／discharge「解雇する」／notice「通知；通達」／dismiss「解雇する」

解答

[英作文・エクササイズ] 1. were / laid / off　2. to / lay / off　3. Lay / off
[書き換え・エクササイズ] 1. The struggling company laid off dozens of workers without notice.（その苦しんでいる企業は、通告なしに数十人の労働者を解雇しました。） 2. My manager and I got laid off at the same time.（マネージャーと私は同時に解雇されました。） 3. I need to lay off coffee because I'm having trouble sleeping.（睡眠がうまく取れないので、私はコーヒーをやめる必要があります。） 4. Lay off him! He didn't mean to do anything wrong.（彼を放っておきなさい！ なにも悪いことをしようとした訳じゃありませんよ。）

084 Leave behind

意味① ／ not take something or someone with you
意味② ／ increase the gap between competitors
意味③ ／ forget or try not to think about a bad experience

leaveには「去る；出る」という意味もあれば「置く」という意味もある。このleave behindも**「置いておく」「置いて去る」「置いて出かける」**など幅広い意味合いになる。「物理的に物を持っていかない、人を連れていかない、あるいは残していく」というニュアンス。

leave behindは、この「あとに残す」というニュアンスから発展して、**「（スポーツ・競技・教育・コンペなどで）相手を大きく引き離す」**という意味でも用いられる。

さらに「記憶を置き去りにする」というニュアンスから、**「悪い思い出・事件・経験などを忘れ去る；気にしない」**という意味も出てくる。一例を挙げると、Leave it behind you. なら「（悪い思い出は）忘れちゃいなさい」という意味になる。

シャドーイング・エクササイズ　DL-084

▶ 音声を聞きながらシャドーイングしてみよう。

1. Somebody **left** this bag **behind** on the train.
   だれかが電車にこのカバンを忘れていきました。
2. The hurricane **left behind** an enormous amount of destruction.
   ハリケーンは莫大な量の破壊をあとに残しました。
3. The winning horse **left** the others **behind** after the last turn.
   勝ち馬は最終コーナーを回ると他の馬を引き離しました。
4. Students with poor eyesight are often **left behind**.
   視力の弱い子どもの成績が振るわないことがよくあります。
5. Kelly could never **leave** her divorce **behind** her.
   ケリーは決して離婚のことを忘れることはできませんでした。

＊destruction「破壊」／last turn「最終コーナー」／poor eyesight「弱い視力」／divorce「離婚」

英作文・エクササイズ

▶ phrasal verbや他の語句を空所に入れ、日本語と同じ意味の英文を作ろう。

1. 世界を旅するために、彼女は仕事やアパートそしてすべてを置き去りにしました。
   She _______ her job, apartment and everything _________ her _____ travel the world.

2. そのプロドライバーはすぐに他の車を置き去りにしました。
   The professional driver soon _______ all the others _________.

3. ずっと事故のことを引きずることはできないよ。忘れなさい！
   You can't keep thinking about the accident. ________ _____ _________ you!

＊professional「プロの」／accident「事故」

書き換え・エクササイズ

▶ 次の各センテンスをphrasal verbを使って書き換えよう。

1. Many countries are pursuing renewable energy and abandoning fossil fuels.

   ____

2. Workers who are less computer literate will certainly be outpaced.

   ____

3. It's vital to make sure students with disabilities don't get forgotten.

   ____

4. My shrink says I need to forget the baggage of my past.

   ____

＊pursue「追求する」／renewable「再生可能な」／abandon「捨て去る」／fossil fuel「化石燃料」／literate「使う能力のある」／outpace「追い越す；凌ぐ」／disability「障害」／shrink「精神科医」／baggage「辛い思い出；心の重荷」

[英作文・エクササイズ] 1. left / behind / to　2. left / behind　3. Leave / it / behind
[書き換え・エクササイズ] 1. Many countries are pursuing renewable energy and leaving behind fossil fuels.（多くの国が再生可能エネルギーを追求し、化石燃料を捨て去ろうとしています。）　2. Workers who are less computer literate will certainly be left behind.（コンピューター・リテラシーが低い労働者は確実に取り残されるでしょう。）　3. It's vital to make sure students with disabilities don't get left behind.（きちんと、障害のある生徒が取り残されないようにすることが非常に重要です。）　4. My shrink says I need to leave behind the baggage of my past.（精神科医は、過去の辛い思い出を忘れ去るようにと私に言いました。）

085 Let down

意味①／lower something or extend something downward
意味②／disappoint someone

letの基本的な意味は「許可する」あるいは「させる」だが、**let downでは、「（なにかを）低い位置に置く」あるいは「なにかを下げる；下ろす」が基本の意味**となる。例えば、女性がピンで留めている髪を下ろす場合の英語は、let her hair down「彼女の髪を下ろす」と表現できる。

もうひとつのやや漠然とした意味は、**「だれかをがっかりさせる」**だ。**精神的に下に落とすイメージ**を頭に描くとわかりやすいだろう。**例えば、The team let the coach down.「チームはコーチを落胆させた」のような使い方がなされる。**一般的に「だれかの期待を満たせない；期待を裏切る」場面で用いられるフレーズだ。

letの過去形も過去分詞形もletであることにも注意したい。

シャドーイング・エクササイズ　DL-085

▶ 音声を聞きながらシャドーイングしてみよう。

1. **Let down** those blinds please.
   そのブラインドを下ろしてください。
2. We **let down** a rope so he could climb up.
   私たちは、彼が登れるようにロープを垂らしました。
3. You should **let down** the hem of that dress.
   そのワンピースは裾を伸ばすべきですね。
4. I'm so sorry that I **let** you **down**.
   あなたをがっかりさせてすみません。
5. He really **let** his parents **down** by leaving college.
   大学を辞めたことで、彼は両親をとても落胆させました。

＊hem「縁；裾」／leave「（学校などを）辞める；退学する」

英作文・エクササイズ

▶ phrasal verbや他の語句を空所に入れ、日本語と同じ意味の英文を作ろう。

1. 生徒が髪を下ろすのを禁止している学校もあります。
Some schools forbid students ______ ________ ______ their hair.

2. 離陸前にパイロットは静かに機体を下げました。
The pilot _____ the plane ______ gently before _________.

3. ドーピングを行ったオリンピック選手たちは国中をがっかりさせました。
The Olympic athletes who used PEDs _____ ______ their entire country.

＊forbid「禁止する」／gently「静かに；優しく」／PED「ドーピング薬」

書き換え・エクササイズ

▶ 次の各センテンスをphrasal verbを使って書き換えよう。

1. He lowered a bucket into the well to draw water.

____

2. The rescuers in the helicopter lowered a basket to the stranded boaters.

____

3. Jerry didn't want to disappoint his father, so he joined the army.

____

4. Finding she was adopted, she felt her parents failed her.

____

＊draw「引き出す；取り出す」／rescuer「救助者」／basket「吊り籠」／stranded「取り残された」／boater「船乗り；船遊びする人」／disappoint「落胆させる」／adopt「養子にする」／fail「失望させる」

解答

[英作文・エクササイズ] 1. from / letting / down　2. let / down / landing　3. let / down
[書き換え・エクササイズ] 1. He let down a bucket into the well to draw water.（彼は水を汲むためにバケツを井戸の中に下ろしました。）　2. The rescuers in the helicopter let down a basket to the stranded boaters.（ヘリに乗った救助者たちは取り残された船の乗員に向けて吊り籠を下ろしました。）　3. Jerry didn't want to let down his father, so he joined the army.（ジェリーは父をがっかりさせたくなかったため、軍隊に入りました。）　4. Finding she was adopted, she felt her parents let her down.（自分が養女だとわかり、彼女は両親への失望を感じました。）

086 Let off

意味① ／ allow someone to leave a vehicle or space
意味② ／ release or dismiss without punishment
意味③ ／ fire a gun, fireworks or a bomb

letにoff「離れて；外れて」が組み合わさると**「降ろす；放免する；放つ」**といった意味になる。

「降ろす」という意味のlet offは、**バスから客を降ろすといった、乗り物から客を降ろす場面でよく使われる。**

また**「放免する；免除する」**というニュアンスの使い方もある。警察や裁判所などがその人物を無罪あるいは拘束しないとして**「（軽い罰だけで）放免する」**、あるいは上司が部下の**仕事などに関して「大目に見る」「免除する；解放する」**といった状況での使用が多い。

最後に、**「（拳銃や爆弾などを）撃つ；爆発させる」「花火を上げる」**などの意味もある。これらはいずれもlet offの「放出」のイメージでの使い方だ。

シャドーイング・エクササイズ　DL-086

▶ 音声を聞きながらシャドーイングしてみよう。

1. The bus driver stopped to **let off** several passengers.
   バスの運転手は数人の客を降ろすために停車しました。

2. The police officer **let** me **off** with a warning.
   警察官は警告して私を放免しました。

3. The man was **let off** with a fine instead of jail time.
   その男は投獄される代わりに罰金刑で放免されました。

4. The boss **let** us **off** early because it was Christmas Eve.
   クリスマスイヴだったので、上司は早めに私たちを（仕事から）解放してくれました。

5. The student got expelled for **letting off** firecrackers at school.
   学校で爆竹を爆発させたため、その生徒は退学になりました。

＊warning「警告」／fine「罰金」／jail time「刑務所での生活」／expel「除籍する」／firecracker「爆竹」

英作文・エクササイズ

▶ phrasal verbや他の語句を空所に入れ、日本語と同じ意味の英文を作ろう。

1. タクシーの運転手は、私たちをホテルのちょうど正面で降ろしました。
   The taxi driver ______ ______ ______ right in front of our hotel.
2. 授業をサボった生徒たちは警告を受け放免されました。
   The students who cut class ______ ______ ______ with a warning.
3. 銀行強盗たちは逃走する前に数発の弾を撃ちました。
   The bank robber ______ ______ several shots before escaping.

＊cut class「授業をサボる」／bank robber「銀行強盗」／shot「発砲」／escape「逃げる；逃走する」

書き換え・エクササイズ

▶ 次の各センテンスをphrasal verbを使って書き換えよう。

1. The taxi driver dropped us off at the wrong address!

   ____

2. They won't allow passengers to leave the plane without masks.

   ____

3. The teacher allowed the students to go home early.

   ____

4. The terrorist exploded a bomb in a crowded shopping area.

   ____

＊address「住所」／passenger「乗客」／terrorist「テロリスト」／bomb「爆弾」

解答 [英作文・エクササイズ] 1. let / us / off　2. were / let / off　3. let / off　[書き換え・エクササイズ] 1. The taxi driver let us off at the wrong address!（タクシーの運転手が間違った住所で私たちを降ろしたのです！）　2. They won't let passengers off the plane without masks.（彼らはマスクなしでは乗客を飛行機から降ろしません。）　3. The teacher let the students off early.（先生は生徒を早めに解放しました。）　4. The terrorist let off a bomb in a crowded shopping area.（テロリストが混雑したショッピング街で爆弾を爆発させました。）

087 Make up

意味① ／ create or invent something
意味② ／ stop arguing; forgive someone; compensate someone
意味③ ／ decide something

make upの基本的な意味は **「作り上げる；作成する」** など。**「（これまでになかった新しいなにかを）作り上げる」というニュアンス**で、作るものは歌や物語などでもいいし、ポスターや掲示などの具体的な物でもいい。make up one's face「顔を作る」と表現すればかつては「化粧をする」という意味だったが、現代ではput on makeupとするのが一般的だ。

２番目は **「口論や（カラダを使った）ケンカをやめる」→「仲直りする」** という意味での使い方だ。またこれに近いが、make upで **「埋め合わせる；償う；補う；取り戻す」** という意味にもなる。Please let me make it up to you.「埋め合わせをさせてください」は、この意味でのmake upが、お詫びの言葉の中で使われた例だ。

もうひとつ、**make up one's mind「決心する」** の形でよく使われるmake upも確認しておいてほしい。

シャドーイング・エクササイズ

DL-087

▶ 音声を聞きながらシャドーイングしてみよう。

1. We **made up** some posters to advertise our yard sale.
   ヤード・セールを宣伝するポスターを作りました。
2. I'm bad at **making up** stories because I lack imagination.
   想像力に欠けているので、物語を作るのは苦手です。
3. My wife and I argued last night but today we **made up**.
   昨夜、妻と口論になりましたが、今日には仲直りしました。
4. I **made up** with her by taking her to dinner.
   彼女を夕食に連れていき、仲直りしました。
5. My son **made up** his mind to join the rugby team.
   息子はラグビーチームに入る決意をしました。

＊yard sale「ヤード・セール」庭で自宅の中古品などを販売するセール／advertise「宣伝する；広告する」／imagination「想像力」／argue「口論する」

英作文・エクササイズ

▶ phrasal verbや他の語句を空所に入れ、日本語と同じ意味の英文を作ろう。

1. パーティーに持参する前菜をいくつか作りました。
   We _______ _____ some appetizers to take to the party.
2. メアリーとジェニーは口ゲンカしましたが、あとで仲直りしました。
   Mary and Jenny quarreled, ______ later they _______ _____.
3. 私は大学院に行くことを決心しました。
   I've _______ _____ _____ mind to go to graduate school.

＊appetizer「前菜」／quarrel「口ゲンカする；口論する」／graduate school「大学院」

書き換え・エクササイズ

▶ 次の各センテンスをphrasal verbを使って書き換えよう。

1. I composed a list of people to invite to the party.

   ____

2. I finally made amends with my estranged brother after 30 years.

   ____

3. We need to move faster to recover lost time.

   ____

4. She finally decided to accept the transfer and move abroad.

   ____

＊compose「書く；組み立てる」／make amends「償いをする」／estranged「疎遠になった」／recover「回復する」／transfer「転勤」

解答
[英作文・エクササイズ] 1. made / up　2. but / made / up　3. made / up / my
[書き換え・エクササイズ] 1. I made up a list of people to invite to the party.（パーティーに招待する人のリストを作りました。） 2. I finally made up with my estranged brother after 30 years.（やっと30年間遠ざかっていた弟と仲直りしました。） 3. We need to move faster to make up (for) lost time.（失った時間を取り戻すために急ぐ必要があります。） 4. She finally made up her mind to accept the transfer and move abroad.（彼女はようやく転勤を受け入れ外国に引っ越すことを決めました。）

088 Mess up

意味① ／ cause something to be disorganized or messy
意味② ／ make a mistake; ruin something

messは名詞では「混乱；滅茶苦茶」という意味だ。フレーズの**mess upになると「乱れ・混乱などの状態を作り出す」という意味になる。**きれいに畳まれた毛布を乱すことや、きれいな物を汚すことなど、いろいろな意味合いで使うことが可能だ。場合によって**「散らかす」「滅茶苦茶にする」「台無しにする」などいろいろな日本語に対応した意味合いをもつ。**

またmess upは「混乱を作り出す」という意味から転じて**「ヘマをする；ミスを犯す；間違える；失敗する」**などの意味でも使われる。これも小さな失敗から大きな失敗までいろいろな失敗に関して用いることができる。

形容詞のmessed-upも「間違った；正しくない」「混乱した」「散らかった」「おかしい」「問題だらけの」などの意味でよく使われている。

シャドーイング・エクササイズ　DL-088

▶ 音声を聞きながらシャドーイングしてみよう。

1. Don't **mess up** my hair! I just brushed it.
   髪の毛を乱さないで！ブラシをかけたばかりなのよ。
2. The snowstorm **messed up** our work schedule.
   吹雪によって私たちの仕事のスケジュールは滅茶苦茶になりました。
3. Don't **mess up** my clean floor!
   うちのきれいな床を汚さないでください！
4. Don't **mess up** and add too much salt to the soup.
   間違ってスープに塩を入れすぎないでください。
5. I **messed up** during the interview and didn't get the job.
   面接で失敗してその仕事に就けませんでした。

＊snowstorm「吹雪」／interview「面接」

英作文・エクササイズ

▶ phrasal verbや他の語句を空所に入れ、日本語と同じ意味の英文を作ろう。

1. 私がベッドを整えた直後に、子どもたちが滅茶苦茶にしました。
The kids ________ _____ my bed right after I made it.

2. 航空会社のストライキで、私たちの休暇旅行の計画は滅茶苦茶になりました。
The airline strike ________ _____ our plans to go _____ vacation.

3. 間違って、恋人ではなく妻にショートメールを送りました。
I ________ _____ and texted my wife instead _____ my mistress.
＊text「ショートメールを送る」／mistress「恋人；愛人」

書き換え・エクササイズ

▶ 次の各センテンスをphrasal verbを使って書き換えよう。

1. The neighbor's dogs wrecked my flower bed.

____

2. The wind is interfering with the satellite signal.

____

3. Don't clutter up the house — we have company coming tonight!

____

4. The Giants made a mistake in the 9th inning and lost the game.

____

＊wreck「台無しにする」／flower bed「花壇」／interfere「妨害する」／satellite signal「人工衛星の電波」／clutter up「散らかす」／company「訪問客」

Chapter 3 ネイティブが使ってみてほしい Phrasal Verbs 40

解答 ［英作文・エクササイズ］1. messed / up　2. messed / up / on　3. messed / up / of
［書き換え・エクササイズ］1. The neighbor's dogs messed up my flower bed.（隣の犬が私の花壇を滅茶苦茶にしました。）　2. The wind is messing up the satellite signal.（風のため人工衛星の電波が滅茶苦茶になっています。）　3. Don't mess up the house — we have company coming tonight!（家を散らかさないで — 今夜はお客さんが来るんです！）　4. The Giants messed up in the 9th inning and lost the game.（ジャイアンツは9回に失敗して試合を失いました。）

089 Mix up

意味① ／ mix together; combine
意味② ／ confuse; get wrong
意味③ ／ change things; make something more interesting

mix upは**「異なる物を混ぜる」**が基本的な意味。食事の材料などを混ぜる場面で用いられる。**この用法でのupには特に大事な意味はなく、省略されることも多い。**

もうひとつのよくある意味は、**「ふたつのものを混同する」あるいは「間違って覚えている」**など。心の作用に関する使い方だ。例えば人の名前のトムとティムとを混同するといった場面で用いられる。

さらに、mix upは**「気分転換にいつもとは違った行動を行い、よりおもしろみのあるものにする」＝「趣向を変える」「変化をつける」**といった意味合いでも使われる。例えば、いつものようにカラオケに行くのではなく、たまには趣向を変えて（気分転換に）ボーリングに行くといった場面で用いられる。

シャドーイング・エクササイズ　DL-089

▶ 音声を聞きながらシャドーイングしてみよう。

1. **Mix up** the noodles and the sauce before heating.
   熱する前に麺とソースを混ぜてください。

2. My daughter doesn't like to **mix up** her food.
   娘は食べ物を混ぜるのが好きではありません。

3. I always **mix up** Shinjuku and Harajuku.
   私はいつも新宿と原宿を混同します。

4. Let's **mix** things **up** and eat Thai for a change.
   たまには気分を変えてタイ料理を食べましょう。

5. We **mixed** it **up** and went snowboarding instead of skiing.
   私たちは趣向を変えてスキーの代わりにスノーボードに行きました。
   ＊for a change「気分転換に」／go snowboarding「スノーボードに行く」

英作文・エクササイズ

▶ phrasal verbや他の語句を空所に入れ、日本語と同じ意味の英文を作ろう。

1. まず、バターとオリーブオイルを混ぜます、それから塩を加えます。
First, ______ ______ some butter and olive oil, then ______ salt.

2. 1月に日付を書くときには、必ず年を間違えます。
I ________ ______ _____ the year when writing the date in January.

3. 今夜は気分転換にデリバリーを頼みましょう。
_________ ______ things _____ and order-in tonight.
＊order-in「(電話して) デリバリーを注文する」

書き換え・エクササイズ

▶ 次の各センテンスをphrasal verbを使って書き換えよう。

1. It's important to combine the flour and water slowly.
____

2. If you blend coffee and amaretto, it tastes great!
____

3. I always confuse my coworkers' names — it's embarrassing!
____

4. That pitcher is great at varying his pitches.
____

＊combine「混ぜ合わせる；組み合わせる」／flour「小麦粉」／amaretto「アマレット」／embarrassing「恥ずかしい」／vary「変化をつける」

解答
[英作文・エクササイズ] 1. mix / up / add　2. always / mix / up　3. Let's / mix / up
[書き換え・エクササイズ] 1. It's important to mix up the flour and water slowly.(小麦粉と水をゆっくり混ぜることが重要です。)　2. If you mix (up) coffee and amaretto, it tastes great!(コーヒーとアマレットを混ぜると、すごくおいしいんです！)　3. I always mix up my coworkers' names — it's embarrassing!(必ず同僚たちの名前を間違えるんです — 恥ずかしい！)　4. That pitcher is great at mixing up his pitches.(あのピッチャーは投球に変化を与えることに長けています。)

090 Pay back

意味① ／ return money that is owed
意味② ／ get/seek revenge on someone

pay backは**pay「払う」＋ back「戻す」で「払い戻す」が基本の意味**なのは明らかだ。

金銭的に払い戻すことはもちろん、金銭によらず「恩を返す；借りを返す」という意味合いもある。

また、「借りを返す」という意味から転じて、相手への復讐、仕返しの文脈で用いられることもある。この場合は**「報復する；復讐する；仕返しする」**という意味になる。

ちなみにpayback「仕返し；報復；復讐」という名詞もあるがこれも、映画の復讐シーンなどでよく使われる。

シャドーイング・エクササイズ

▶ 音声を聞きながらシャドーイングしてみよう。

1. We can **pay back** the loan over two years.
   私たちは２年に分割してローンを返済できます。
2. You need to **pay** me **back** what you owe.
   あなたは私に借りているお金を返す必要があります。
3. Don't lend him money — he never **pays** it **back**.
   彼にお金を貸してはいけません — 決して返しませんから。
4. Thanks for the lift. I'll **pay** you **back** somehow.
   乗せてくれてありがとう。なにかでお返ししますね。
5. She **paid** her conservative parents **back** by dying her hair pink.
   髪の毛をピンクに染めることで、彼女は保守的な両親に仕返ししました。

＊over ... years「…年の分割で」／owe「借りている」／somehow「なんらかの方法で」

英作文・エクササイズ

▶ phrasal verbや他の語句を空所に入れ、日本語と同じ意味の英文を作ろう。

1. そのギャンブラーは、返済できる以上の金を借りるミスを犯しました。
The gambler made the mistake of borrowing _______ than he could ______ _______.

2. 大学のローンを返すのに5年かかります！
It will take me five years _____ ______ _______ my college loans!

3. 私は彼女に、あの噂を流した復讐をします！
I'm going to ______ ______ _______ for spreading that rumor!

＊borrow「借りる」／spread「広める；広げる」

書き換え・エクササイズ

▶ 次の各センテンスをphrasal verbを使って書き換えよう。

1. I hope to be able to repay the loan early to avoid interest.

____

2. Thank you for the beautiful present! How can I ever repay you!?

____

3. The kids got revenge on the bullies by stealing their bikes.

____

4. The company reimbursed me for my expenses during the trip.

____

＊repay「返済する」／avoid「避ける」／interest「金利；利息」／revenge「復讐」／steal「盗む」／reimburse「返済する；経費を払い戻す」／expense「出費」

Chapter 3 ネイティブが使ってみてほしい Phrasal Verbs 40

解答
[英作文・エクササイズ] 1. more / pay / back 2. to / pay / back 3. pay / her / back
[書き換え・エクササイズ] 1. I hope to be able to pay back the loan early to avoid interest.（金利を避けるために、早くローンを返済できることを願っています。） 2. Thank you for the beautiful present! How can I ever pay you back!?（すばらしいプレゼントをありがとう！ どうやってお返ししたらいいか！） 3. The kids paid the bullies back by stealing their bikes.（その子たちはバイクを盗むことでいじめっ子たちに復讐しました。） 4. The company paid me back for my expenses during the trip.（会社は、私の出張中の経費を払い戻しました。）

091 Pay off

意味① ／return money that is owed; pay someone for a service
意味② ／bribe someone to do something illicit or illegal
意味③ ／be rewarded; end successfully

pay offは多くの場合pay backと置き換えて使うことが可能だ。ただし、多少の違いもある。

まず**offに「すっかり；完全に」というニュアンスがあるため、pay offには「完済する」といったニュアンスが含まれる。**

またpay offは**「不正行為や犯罪行為のために金を渡す」**、つまり**「買収する」**という意味で用いられることもある。

もうひとつのよく使われる意味は**「（計画・事業などが）うまくいく；成功する；報われる；実を結ぶ」**だ。なんらかのことを行ってそれがうまくいった、その結果が実ったという場面で多く用いられる。

シャドーイング・エクササイズ

▶ 音声を聞きながらシャドーイングしてみよう。

1. It took us four years to **pay off** the loan on our car.
   車のローンの完済に４年かかりました。

2. People who invested early got **paid off** handsomely.
   早期に投資した人たちはたっぷりと儲けました。

3. The witness was **paid off** not to testify.
   その目撃者は証言しないよう買収されていました。

4. Her perseverance **paid off** in the end.
   彼女の忍耐が最後には報われました。

5. The athlete's unorthodox strategy **paid off**.
   その選手は型破りな戦略で成功しました。

＊handsomely「たっぷりと」／witness「目撃者；証人」／testify「証言する」／unorthodox「型破りな」

英作文・エクササイズ

▶ phrasal verbや他の語句を空所に入れ、日本語と同じ意味の英文を作ろう。

1. 今月ローンを完済しなければ、銀行に抵当流れ処分にされます。

_____ we don't ______ ______ the loan this month, the bank will foreclose.

2. 地方自治体の職員たちは提案を通すよう買収されていました。

Local government officials _______ _______ ______ to pass the proposal.

3. 私の粘り強さが実を結び、ついに面接を受けることができました。

My persistence _______ ______ and I ______ finally given an interview.

＊foreclose「抵当流れ処分にする」／local government「地方自治体」／persistence「粘り強さ」

書き換え・エクササイズ

▶ 次の各センテンスをphrasal verbを使って書き換えよう。

1. Next month we will make our last mortgage payment!

____

2. Several members of the jury were bribed.

____

3. The employee's efforts were rewarded, and he was given a promotion.

____

4. The lawyer's efforts eventually bore fruit, and the judge sided with him.

____

＊mortgage「住宅ローン」／jury「陪審員団」／bribe「買収する；賄賂を送る」／reward「報いる；褒美を与える」／promotion「昇進」／bear fruit「実を結ぶ」／side with ...「…の側につく；…に味方する」

解答 [英作文・エクササイズ] 1. If / pay / off　2. were / paid / off　3. paid / off / was
[書き換え・エクササイズ] 1. Next month we will pay off our mortgage!(来月には住宅ローンが完済します!)　2. Several members of the jury were paid off.(陪審員メンバーの数人が買収されていました。)　3. The employee's efforts paid off, and he was given a promotion.(その従業員の努力が報われ、彼は昇進を受けました。)　4. The lawyer's efforts eventually paid off, and the judge sided with him.(最後には弁護士の努力が報われ、裁判官は彼を支持しました。)

092 Pick up

意味① / learn something new
意味② / receive a signal (TV, cell phone etc.)
意味③ / increase; grow in strength

pick upには、8つ以上もの意味があるがあると考えられるが、ここではそのうち3つに焦点を絞って紹介する。

pick「摘まむ」＋ up「上方へ」の組み合わせから、**「手に取る；拾う；買う」といった意味が基本**となる。

一方で、拾い上げる動作からの連想で、**「(新しい知識・スキルなどを) 身につける」という意味にもなる。**

また**「電波を受信する；拾う」という意味にもなるが、これはテレビやラジオ、携帯電話の電波を受信するといった場面で用いる。**ただし、Eメールやショートメールの受信などには使われないので注意。

最後のよく使われる意味は**「(速度・強さ・パワーなどを) 増す」**。この意味は、自動車がスピードを上げるような場面で用いられる。

シャドーイング・エクササイズ　DL-092

▶ 音声を聞きながらシャドーイングしてみよう。

1. Children can **pick up** foreign languages easier than adults.
   子どもは大人よりも楽に外国語を身につけることができます。
2. I'm trying to **pick up** golf, but it is difficult.
   ゴルフを身につけようとしていますが、難しいです。
3. I can't **pick up** channel 6 on my TV.
   テレビの6チャンネルの電波が受信できません。
4. Are you **picking up** a cell signal?
   携帯電話の電波は拾えていますか？
5. The train **picked up** speed as it left the station.
   駅を出ると、電車はスピードを上げました。

＊cell「携帯電話」／signal「電波」

英作文・エクササイズ

▶ phrasal verbや他の語句を空所に入れ、日本語と同じ意味の英文を作ろう。

1. 日本語を学ぶほうが、中国語を学ぶのよりやさしいと思います。
   I think Japanese is easier _____ _______ _____ than Chinese.

2. この短波ラジオはヨーロッパのラジオ局の電波を拾えるんです!
   This short-wave radio ______ _______ _____ radio stations from Europe!

3. 夜が更けるにつれて、雷雨は激しさを増しました。
   The thunderstorm _________ _____ in intensity as the night went on.

＊short-wave radio「短波ラジオ」／station「(ラジオ・テレビなどの) 局」／thunderstorm「雷雨」／intensity「強烈さ」

書き換え・エクササイズ

▶ 次の各センテンスをphrasal verbを使って書き換えよう。

1. Jim is good at grasping new concepts right away.

   ____

2. You are never too old to learn new things!

   ____

3. Air traffic controllers could no longer receive the plane's radar signal.

   ____

4. We need to increase our pace if we are going to be on time.

   ____

＊grasp「理解する；把握する」／concept「概念」／air traffic controller「航空管制官」／radar「レーダー」／pace「ペース；歩調；速度」

解答

[英作文・エクササイズ] 1. to / pick / up　2. can / pick / up　3. picked / up
[書き換え・エクササイズ] 1. Jim is good at picking up new concepts right away.(ジムは新しい概念を即座に学び取ることに長けています。)　2. You are never too old to pick up new things!(新たなことを学ぶのに歳を取り過ぎているなんてことは決してありません!)　3. Air traffic controllers could no longer pick up the plane's radar signal.(航空管制官たちはその飛行機のレーダー信号をもはや受信できませんでした。)　4. We need to pick up our pace if we are going to be on time.(もし時間どおりに着きたいのなら、ペースを上げる必要があります。)

093 Pull off

意味①／remove or separate something
意味②／achieve a difficult goal

pull「引く」＋ off「離して」の組み合わせはおもにふたつの意味をもっている。

ひとつは**「（くっついているもの、定着しているものを）取り外す；引っ張って取る；剥ぎ取る」**。一体になっているものをふたつに引き離して分けるイメージだ。このイメージから少しズレるが**「（急いで）衣服を脱ぐ」**という意味になることもある。

もうひとつの意味は**「（難しいことに）成功する；勝ち取る」「（困難なことを）見事にやってのける；やり通す」**。必ずしもそうではないが、多くの場合困難な状況が下敷きになってこの意味合いで用いられる。

シャドーイング・エクササイズ

DL-093

▶ 音声を聞きながらシャドーイングしてみよう。

1. The diver **pulled off** his mask when he surfaced.
   ダイバーは水面に浮上するとマスクを外しました。

2. **Pull** those old posters **off** the wall.
   あの古いポスターを壁から剥がしてください。

3. The underdog tennis player **pulled off** an amazing win.
   勝ち目のなさそうなテニス選手が驚くべき勝利を収めました。

4. Making a profit in this economy is hard to **pull off**.
   この景気で利益を出すのは難しいことです。

5. The gymnast tried a difficult technique but couldn't **pull** it **off**.
   体操選手は難しい技に挑戦しましたが、うまくいきませんでした。

＊surface「浮上する」／underdog「勝ち目のなさそうな」／profit「利益」／gymnast「体操選手」／technique「技；技術」

英作文・エクササイズ

▶ phrasal verbや他の語句を空所に入れ、日本語と同じ意味の英文を作ろう。

1. セロリを洗って葉っぱを取り、茎をさいの目に切ります。
Wash the celery, _______ ______ the leaves and dice the stalk.

2. このボトルの栓が抜けません。くっついています。
I _______ _______ the top ______ this bottle; it's stuck.

3. うちのチームは逆転し、見事な勝利を収めました。
Our team came from behind and _________ ______ a victory.

＊dice「さいの目に切る」／stalk「茎」／come from behind「逆転する」

書き換え・エクササイズ

▶ 次の各センテンスをphrasal verbを使って書き換えよう。

1. Never remove these warning stickers from the machine.

____

2. The visitor removed his coat and scarf and hung them up.

____

3. I was sure he would fail but somehow, he succeeded.

____

4. I tried to finish my first marathon but wasn't able to accomplish it.

____

＊remove「取り除く；取る」／warning sticker「警告のステッカー」／scarf「マフラー」／fail「失敗する」／accomplish「完遂する」

解答 ［英作文・エクササイズ］1. pull / off　2. can't / pull / off　3. pulled / off　［書き換え・エクササイズ］1. Never pull these warning stickers off the machine.（決して機械からこれらの警告ステッカーを剥がしてはいけません。）　2. The visitor pulled off his coat and scarf and hung them up.（訪問者はコートとマフラーを脱いで掛けました。）　3. I was sure he would fail but somehow, he pulled it off.（彼が失敗すると確信していましたが、彼はなんとか成功しました。）　4. I tried to finish my first marathon but wasn't able to pull it off.（初マラソンの完走にチャレンジしましたが、できませんでした。）

094 Pull out

意味①／remove something from an enclosed space
意味②／move out or away; leave (vehicle)
意味③／withdraw from an event or obligation

pull outにも多くの意味があるが、ここではおもなものを3つ紹介していく。

まずひとつ目は**「（なにかを塞がった場所の中から）取る；取り出す」**という意味だ。例えば、クローゼットや引き出しなどの場所から取り出す場面などに使われる。

視覚イメージ的に似ているが、**「（駐車場や交差点などの場所で）自動車やバイクなどを前進させる；出発させる」**という意味にもなる。

3番目も同じ「引く」イメージだが、**「（イベントなどを）辞退する；身を引く；手を引く」「（すでにやると約束しスタートしていたことを）やめる；撤退する」**という意味もある。この意味で使われるときには、多くの場合、後ろにofを伴っている。この意味の置き換え動詞withdrawは、withdraw fromの形になるので注意が必要だ。

シャドーイング・エクササイズ　DL-094

▶ 音声を聞きながらシャドーイングしてみよう。

1. The customer **pulled out** $20 from his wallet.
その客は財布から20ドルを取り出しました。

2. I had to **pull out** my winter clothes today.
今日は冬服を出さなければなりませんでした。

3. Don't **pull out** yet; there's a car coming!
まだ発車しないで、車が来ています！

4. Something caused the investors to **pull out** of the deal.
なんらかの理由で投資家たちはその取引を辞退しました。

5. The injured runner had to **pull out** of the race.
ケガをした走者はレースを辞退しなければなりませんでした。

＊investor「投資家」／deal「取引」

英作文・エクササイズ

▶ phrasal verbや他の語句を空所に入れ、日本語と同じ意味の英文を作ろう。

1. 銀行強盗は拳銃を抜いて金を要求しました。
The ______ robber ________ ______ a gun and demanded money.
2. 駐車場を出ようとしていたとき、もう一方の車が私たちの車にぶつかりました。
The other car hit us as we were ________ ______ _____ the parking lot.
3. 大統領の顧問たちは、その対話から撤退するように勧めました。
The president's advisors recommended that he ______ ______ _____ the talks.

＊demand「要求する」／parking lot「駐車場」／advisor「顧問」／recommend「勧める；推奨する」

書き換え・エクササイズ

▶ 次の各センテンスをphrasal verbを使って書き換えよう。

1. The chef took several kinds of vegetables out of the refrigerator.
____
2. The train was leaving the station as we arrived.
____
3. The expansion project went over budget and we had to cancel it.
____
4. Caught cheating, the team was forced to withdraw from the tournament.
____

＊refrigerator「冷蔵庫」／expansion「拡大；拡張」／budget「予算」／cheat「不正を行う」／withdraw「辞退する」

解答
[英作文・エクササイズ] 1. bank / pulled / out　2. pulling / out / of　3. pull / out / of
[書き換え・エクササイズ] 1. The chef pulled several kinds of vegetables out of the refrigerator.（シェフは冷蔵庫から数種類の野菜を取り出しました。） 2. The train was pulling out of the station as we arrived.（私たちが到着したとき、電車は駅を出発するところでした。） 3. The expansion project went over budget and we had to pull out.（拡張プロジェクトは予算をオーバーし、わが社は中止しなければなりませんでした。） 4. Caught cheating, the team was forced to pull out of the tournament.（不正行為が見つかって、チームは強制的にトーナメントから外されました。）

095 Pull through

意味① ／ move or pull something into and out of a defined space
意味② ／ overcome an adversity
意味③ ／ recover from an illness or health problem

pull は「引っ張る」という意味だが、pull through は**「引っ張ってなにかを通す」**という意味になる。**針に糸を通したあと、糸を引っ張り続けるのをイメージ**するとわかりやすい。

また、狭い場所を抜けるイメージから、**「（なんらかの困難な状況を）乗り越える」**という意味にもなる。この意味の置き換えフレーズとしてはget through もある。

また、**「（健康上危険な状態や手術などを）乗り越える；乗り切る」**という意味にもなる。特に命に関わる場面で使われるので風邪などの軽症の病に関しては用いられない。類似表現のrecoverはどのような病気にも用いられる。**この意味のpull throughでは病名に言及しないのがふつうだ。**例文で確認してほしい。

シャドーイング・エクササイズ

▶ 音声を聞きながらシャドーイングしてみよう。

1. The horses **pulled** the sleigh **through** the snow easily.
   馬はすいすいとソリを引いて雪の中を進みました。
2. **Pull** the end of the rope **through** the loop to form a knot.
   結び目を作るために、ロープの端を輪に通して引っ張ってください。
3. This semester was difficult, but I managed to **pull through**.
   今学期は難しかったですが、なんとか乗り切りました。
4. The patient didn't **pull through** the surgery.
   その患者は手術を乗り切れませんでした。
5. She's very sick but we expect her to **pull through**.
   重病ですが、彼女が乗り越えることを期待しています。

＊sleigh「ソリ」／knot「結び目」／semester「学期」／surgery「（外科）手術」

英作文・エクササイズ

▶ phrasal verbや他の語句を空所に入れ、日本語と同じ意味の英文を作ろう。

1. ハイカーたちは傷ついた仲間を引っ張って森を抜け、安全な場所に至りました。
The hikers ________ their injured companion ________ the woods _____ safety.

2. チームは試合中ずっと負けていましたが、最後に勝ち越しました。
The team was losing the whole game but ________ ________ in the end.

3. 彼の傷は深刻ですが、乗り切ることが期待されています。
His injuries are severe, but he's expected _____ _______ ________.

＊companion「仲間」／severe「重い；深刻な」

書き換え・エクササイズ

▶ 次の各センテンスをphrasal verbを使って書き換えよう。

1. Her determination was what allowed her to overcome the situation.
____

2. Our company faced bankruptcy but somehow, we rebounded.
____

3. This new medical treatment might help her recover.
____

4. It will be several days before we can determine if he will survive.
____

＊determination「決意」／allowed ... to ...「…が…できるようにする」／bankruptcy「倒産」／treatment「治療（法）」

解答 ［英作文・エクササイズ］1. pulled / through / to　2. pulled / through　3. to / pull / through　［書き換え・エクササイズ］1. Her determination was what allowed her to pull through.（彼女の決意が、彼女に乗り越えさせたのです。）　2. Our company faced bankruptcy but somehow, we pulled through.（わが社は倒産の危機に直面しましたが、なんとか乗り越えました。）　3. This new medical treatment might help her pull through.（この新療法が、彼女が病を乗り切る手助けになるかもしれません。）　4. It will be several days before we can determine if he will pull through.（彼が乗り切れるかどうかを判断できるまで、あと数日かかるでしょう。）

096 Put away

意味① ／ place/store something where it can't be seen
意味② ／ save money
意味③ ／ send someone to prison

put「置く」＋ away「離して；あちらへ」の組み合わせの基本の意味は**「しまう；片づける」**だ。**日常で使ったものなどをしまう、片づける**といった使い方をする。もともと「見えない場所に置く」→「片づける」という意味なのだが、もちろん見える場所に片づける場面でも使用可能だ。

同じく「見えない場所に置く」というイメージから**「お金の一部を口座や貯金箱などに入れておく」**という意味も出てくる。この意味では**「（金を）蓄える」「（食べ物などを）取っておく」**といった日本語訳を当てることができる。

また**「（犯罪者を）刑務所に入れる」**という意味にもなる。これも見えない場所へ入れるイメージから出ていると言える。この場合 they「警察や裁判官などの当局者」が主語になる場合が多い。

シャドーイング・エクササイズ　DL-096

▶ 音声を聞きながらシャドーイングしてみよう。

1. I can't wait to **put away** my winter clothes.
   冬服をしまうのが待ち遠しくて仕方ありません。

2. **Put** those dishes **away** after you wash them.
   洗い終えたら、そのお皿をしまってください。

3. You need to start **putting away** money for retirement.
   あなたは退職後に備えてお金を蓄え始める必要があります。

4. The newlyweds **put** money **away** each month for a house.
   その新婚夫婦は家の購入のために毎月お金を貯金しました。

5. The murderer was **put away** for life.
   その殺人犯は終身刑に処されました。

＊can't wait to ...「…するのが待ち遠しい；待ちきれない」／retirement「引退」／newlyweds「新婚夫婦」／murderer「殺人犯」

英作文・エクササイズ

▶ phrasal verbや他の語句を空所に入れ、日本語と同じ意味の英文を作ろう。

1. うちの小さな子たちは決しておもちゃを片づけません。
   My young children ________ ______ _______ their toys.
2. 私のファイナンシャル・アドバイザーは給料の15%を貯蓄するよう提案しました。
   My financial advisor suggested ____ ______ _______ 15% of my paycheck.
3. 裁判官は誘拐犯を25年の刑に処しました。
   They ______ the kidnappers _______ ______ 25 years.

＊paycheck「給料」／kidnapper「誘拐犯」

書き換え・エクササイズ

▶ 次の各センテンスをphrasal verbを使って書き換えよう。

1. In the wintertime we stow our camping gear in the attic.
   ____
2. They stored the leftovers in Tupperware containers.
   ____
3. Too few people save money in case of emergencies.
   ____
4. The stockbroker was sent to prison for insider trading.
   ____

＊stow「しまい込む」／attic「屋根裏部屋」／leftovers「残り物」／emergency「緊急事態」／prison「刑務所；監獄」／insider trading「インサイダー取引」

解答

［英作文・エクササイズ］1. never / put / away　2. I / put / away　3. put / away / for
［書き換え・エクササイズ］1. In the wintertime we put our camping gear away in the attic.（冬の時期には、キャンプ道具を屋根裏部屋にしまいます。）　2. They put the leftovers away in Tupperware containers.（彼らは残り物をタッパーに入れて片づけました。）　3. Too few people put money away in case of emergencies.（緊急事態に備えて貯蓄している人が少なすぎます。）　4. The stockbroker was put away for insider trading.（その株のブローカーはインサイダー取引で刑務所に入れられました。）

097 Put back

意味① ／ place/return something to where it belongs
意味② ／ slow down or delay a project, event etc.
意味③ ／ postpone an activity

put backはput awayに似ているが、back「戻って；返して」の意味が含まれているため、**使い終わった物などを「元に戻す」**というニュアンスが強い。**整理整頓するためにしまっておくべき定位置に元どおりに戻す**というニュアンスだ。

backには「後ろに」という意味合いもあるため、「後ろに置く」→**「（企画や行事などを）遅らせる」**という意味も出てくる。**「自らの意志ではなく、外的な影響力によって予定どおりに進まず遅れる」というニュアンスが強い。**

ただし、put backには**「（自らの判断でなにかの予定を）延期する；後回しにする」**という意味での使い方もある。

シャドーイング・エクササイズ

▶ 音声を聞きながらシャドーイングしてみよう。

1. Make sure you **put** that tool **back** when you're finished using it.
   使い終わったらその道具をきちんと元に戻してください。
2. Who **put** these files **back** in the wrong order?!
   このファイルを間違った順に戻したのはだれですか？
3. The sales meeting has been **put back** until next week.
   営業ミーティングは来週まで延期されました。
4. Ballooning costs **put** the project **back** several months.
   コストの急騰によってプロジェクトは数カ月遅れることになりました。
5. Our vacation plans got **put back** due to the car accident.
   自動車事故によって休暇の計画が延期になりました。

＊order「順」／balloon「急騰する」／accident「事故」

英作文・エクササイズ

▶ phrasal verbや他の語句を空所に入れ、日本語と同じ意味の英文を作ろう。

1. そのアルバムは見つけたところに戻しておいてください！
Please _______ that album ________ where you found ______!

2. 荒れ模様の天候で式は1週間かそこいら延期されるでしょう。
The inclement weather will _______ the ceremony _______ a week ______ so.

3. 私たちの旅の計画はテロリストの攻撃のあと延期せざるを得ませんでした。
Out travel plans had to _____ _______ _______ after the terrorist attack.

＊inclement「荒れ模様の」／terrorist「テロリスト」

書き換え・エクササイズ

▶ 次の各センテンスをphrasal verbを使って書き換えよう。

1. When you're finished reading that book, return it to the shelf.

____

2. Our departure time has been delayed at least an hour.

____

3. The movie release was delayed when the main actor got hurt.

____

4. We had to postpone our diving trip because of the hurricane.

____

＊return「戻す」／departure「出発」／delay「遅らせる」／release「封切り；発売」／postpone「延期する」

解答
［英作文・エクササイズ］1. put / back / it　2. put / back / or　3. be / put / back
［書き換え・エクササイズ］1. When you're finished reading that book, put it back on the shelf.（その本を読み終えたら、棚に戻してください。）　2. Our departure time has been put back at least an hour.（私たちの出発時間は少なくとも1時間遅れています。）　3. The movie release was put back when the main actor got hurt.（主役がケガをして映画の封切りは延期されました。）　4. We had to put back our diving trip because of the hurricane.（ハリケーンのため、ダイビング旅行を先延ばしにしなければなりませんでした。）

098 Put in

意味① ／ cause someone to be in a certain position, circumstance
意味② ／ invest/spend/contribute time, energy or money
意味③ ／ install something (new)

put inの文字どおりの意味は「なにかを容器や仕切られた場所の中に入れる；差し込む」だ。ここから、転じて、**「人をある状況や地位に置く」**という意味が出てくる。

またput inは**「（エネルギーや時間、資金などを）注ぐ；注入する」**という意味にもなる。この意味の用法は非常に多様な場面で使われ、**「投資する」「寄付する」「払う」「費やす」「貢献する」「（食べ物などを）差し入れる」など、さまざまな意味になる。**

さらに、put inは**「なにか新しい物を設置する」**という意味でも用いられる。カーペットから家具、電子機器まで、多様な物を設置する場面で使うことが可能だ。put in place「設置する」というフレーズと同じイメージで考えるとわかりやすい。

シャドーイング・エクササイズ

DL-098

▶ 音声を聞きながらシャドーイングしてみよう。

1. I hate to be **put in** an awkward situation.
   私は気まずい状況に置かれるのがいやなんです。
2. She was **put in** charge of planning the birthday party.
   彼女は誕生パーティーのプランを立てる担当にされました。
3. The grad student **put in** hundreds of hours on her thesis.
   その大学院生は論文に数百時間を注ぎ込みました。
4. The bar just **put in** a new 50″ high-definition TV.
   そのバーは新しい50インチの高画質テレビを設置したところです。
5. We painted and **put in** new carpet last week.
   先週ペンキを塗って新しいカーペットを据えつけました。

＊awkward「気まずい」／grad student「大学院生」／thesis「論文」／high-definition「高解像度の」

英作文・エクササイズ

▶ phrasal verbや他の語句を空所に入れ、日本語と同じ意味の英文を作ろう。

1. 喫煙はあなたを肺がんにする危険性があります。

Smoking ______ ______ _____ danger of getting lung cancer.

2. 十分勉強の時間を取らなかったので、試験に合格できませんでした。

I __________ pass the test because I didn't ______ _____ enough study time.

3. プライバシーを強化するためにうちの会社では新しいオフィスの仕切りを設置しました。

Our company ______ _____ new office cubicles for extra __________.

＊lung cancer「肺がん」／cubicle「(パーティションなどで仕切られた) 個人用の小部屋」／extra「追加の」

書き換え・エクササイズ

▶ 次の各センテンスをphrasal verbを使って書き換えよう。

1. I lost the match because I did not spend enough time practicing.

____

2. Not everyone contributed enough to cover the meal, so I gave extra.

____

3. She spent a lot of hours at the office this week.

____

4. The office building I work in installed a new security system.

____

＊contribute「貢献する」／meal「食事」／install「設置する」

解答

[英作文・エクササイズ] 1. put / you / in　2. couldn't / put / in　3. put / in / privacy
[書き換え・エクササイズ] 1. I lost the match because I did not put in enough time practicing.（練習に十分な時間をかけなかったため、試合に負けました。）　2. Not everyone put in enough to cover the meal, so I gave extra.（食事の支払いをカバーするのに十分な額を全員が出したわけではなかったため、私が余分に出しました。）　3. She put in a lot of hours at the office this week.（彼女は今週、オフィスで多くの時間を費やしました。）　4. The office building I work in put in a new security system.（私が勤務しているオフィスビルは新しいセキュリティー・システムを導入しました。）

099 Put out

意味① ／ set something outside
意味② ／ issue or publish a book or written material
意味③ ／ extinguish a fire or a light

put outの基本的な意味は**「（なにかを家やビルなどの）外に置く」**だ。**「（容器や閉鎖された空間から）外に出す」**という意味でも使うことができる。put out the trash「ゴミを外に出す」というフレーズが、put outを使用する表現の中ではもっとももよく使われる。

「外へ出す」という意味から転じて、「出版する」「広く配布する」といった意味にもなる。この意味のput outは、書籍や雑誌の出版や発行に関してよく用いられる。

さらに**put outには「消す」という意味もある。特にタバコなど燃えているものや明かりを消すといった場面で使われる。**明かりは電気の発明の前には炎であったため、put outのこの意味での使われ方がいまでも残っているのだろう。

ほかにもput someone outで「…に不便をかける」といった意味もある。

シャドーイング・エクササイズ　DL-099

▶ 音声を聞きながらシャドーイングしてみよう。

1. Japanese people **put out** different garbage on different days.
   日本人は異なる種類のゴミを別々の日に出します。
2. After ordering-in sushi, just **put** the dishes **out** by the front door.
   お寿司の出前を頼んだあと、桶は玄関脇に出しておけばいいですよ。
3. My favorite author is **putting out** a new novel this month.
   私の大好きな作家が今月新しい小説を出版します。
4. It took the firefighters 5 hours to **put out** the fire.
   消防士たちが火事を消すのに5時間かかりました。
5. **Put** that cigarette **out** in the ashtray please.
   そのタバコを灰皿で消してください。

＊order-in「出前を取る」／dish「深い皿；大盛り皿；取り皿」／firefighter「消防士」／ashtray「灰皿」

英作文・エクササイズ

▶ phrasal verbや他の語句を空所に入れ、日本語と同じ意味の英文を作ろう。

1. ホテルのメイドは毎朝、新しいタオルを出してくれました。
   The hotel maid ______ ______ fresh towels ________ morning.
2. 『タイム』誌は1923年に初版を発行しました。
   Time magazine ______ ______ its ________ issue in 1923.
3. 明かりを消してベッドに来てください。
   ________ ______ the lights ______ come to bed.

＊issue「版；号；出版物」

書き換え・エクササイズ

▶ 次の各センテンスをphrasal verbを使って書き換えよう。

1. Set the steaks out so they can defrost before we grill them.

   ____

2. We hung the laundry out on the balcony to dry.

   ____

3. The marketing department distributed several questionnaires.

   ____

4. The forest fire was caused by a campfire that wasn't extinguished.

   ____

＊defrost「解凍する」／grill「直火で焼く」／laundry「洗濯物」／distribute「配布する」／questionnaire「アンケート（用紙）」

解答 [英作文・エクササイズ] 1. put / out / every 2. put / out / first 3. Put / out / and
[書き換え・エクササイズ] 1. Put the steaks out so they can defrost before we grill them.(焼く前に解凍できるようにステーキを外に出しておいて。) 2. We put the laundry out on the balcony to dry.(洗濯物を乾燥させるためにバルコニーに出しました。) 3. The marketing department put out several questionnaires.(マーケティング部がいくつかのアンケートを配布しました。) 4. The forest fire was caused by a campfire that wasn't put out.(森林火災は、消火されていなかったキャンプファイヤーによって起こりました。)

100 Put together

意味① ／ assemble or connect something (from parts)
意味② ／ create/make a plan, meal etc.
意味③ ／ position some things or people so they are close together

put togetherはtogether「いっしょに」を含むため、**「集める；つなぐ；組み立てる」**などが基本の意味だ。小さな子どもの玩具の組み立てから大きな家具の組み立てまで、**個々のパーツを集めて組み立てる場面で使うことができる。**

2番目は「まとめる」ニュアンスでの使い方だ。**「考えをまとめる」「(計画や戦略、案、見積などを) 組み立てる；作る」**といった意味に加えて、料理に関して**「(いくつかの異なる具材を合わせて) 食事を作る」**という意味でも使える。

3番目の意味は**「(離れている物や人を近くに置いて) グループにまとめる」。**例えば、テーブルとイスなどの配置に関して使われる。

シャドーイング・エクササイズ　DL-100

▶ 音声を聞きながらシャドーイングしてみよう。

1. This sofa can be **put together** without any tools.
　このソファーはなんの道具もなしに組み立てられます。

2. The scientists **put together** a plan to battle the pandemic.
　科学者たちはパンデミックと闘う計画を組み立てました。

3. Mom's in the kitchen **putting** dinner **together**.
　母は台所で夕飯を作っています。

4. **Put** these tables **together** so there's room for everyone to sit.
　全員が座れるスペースを作るために、このテーブルをくっつけてください。

5. Don't **put** Jim and Mary **together** in the same group.
　ジムとメアリーは同じグループにしてはいけません。

＊tool「道具」／room「空間；余地」

英作文・エクササイズ

▶ phrasal verbや他の語句を空所に入れ、日本語と同じ意味の英文を作ろう。

1. 抜けている部品があったのでイスを組み立てられませんでした。
We couldn't _____ the chair __________ __________ there are parts missing.

2. そのシェフは4品の具材だけを使ってヘルシーな食事を作りました。
The chef ______ ___________ a healthy meal using just four ingredients.

3. レシートは1カ所にまとめるべきですよ。
You should ______ all your receipts ___________ _____ one place.

＊part「部品」／ingredient「材料」／receipt「レシート；領収書」

書き換え・エクササイズ

▶ 次の各センテンスをphrasal verbを使って書き換えよう。

1. I don't have the patience to assemble things myself.

____

2. We will create an estimate for you and provide it for free.

____

3. We need to devise an emergency evacuation plan.

____

4. You can't mix the dark clothes with whites when washing them!

____

＊assemble「集める；組み立てる」／estimate「見積」／devise「考案する」／mix「混ぜる」

解答 [英作文・エクササイズ] 1. put / together / because 2. put / together 3. put / together / in [書き換え・エクササイズ] 1. I don't have the patience to put things together myself.(私は自分で物を組み立てる忍耐力がありません。) 2. We will put together an estimate for you and provide it for free.(弊社で見積を作って無料でご提供いたします。) 3. We need to put together an emergency evacuation plan.(緊急避難計画を策定する必要があります。) 4. You can't put the dark clothes together with whites when washing them!(洗濯するときに、暗い色の服は白い服といっしょにしてはいけません!)

101 Rip off

意味① ／ tear off or separate something from another
意味② ／ cheat or steal from someone

rip offの基本の意味は「なにかをすばやく荒っぽく分離させる；引き裂く」。

ここから転じて、**「(だれかから) 金をだまし取る；奪う；強奪する；盗む」**などの意味が出てくる。ただし、rip offは武器の使用には特に言及せず、「だまし」や「詐欺」などの含蓄がある表現だ。**「だまし取る；かもにする；たかる；食いものにする；ペテンにかける」といったニュアンスが強い。**例えば、法外な値段でなにかを売りつけるような場合も含まれる。

次のセンテンスには意味 ① と意味 ② 両方の意味が含まれているので参考にしてほしい。

Seeing the customer pull up in a Mercedes, the store owner ripped off all the price tags and quadrupled his prices in attempt to rip off the rich person.
(顧客がメルセデスを停めたのを見ると、店のオーナーは値札をすべて剥ぎ取って、金持ちをかもにするために値段を4倍に引き上げた)。

シャドーイング・エクササイズ　DL-101

▶ 音声を聞きながらシャドーイングしてみよう。

1. The soccer player **ripped off** his shirt to celebrate his goal.
   そのサッカー選手はゴールを祝して自分のシャツを剥ぎ取り［引き裂き］ました。
2. The tornado **ripped** the roof **off** our house.
   竜巻によってわが家の屋根が剥ぎ取られました。
3. Someone hit my parked car and **ripped off** the side mirror.
   だれかが停めていた私の車にぶつけて、サイドミラーをもぎ取りました。
4. Some people still don't shop online for fear of being **ripped off**.
   だまされることを恐れて、いまだにオンラインで買い物をしない人もいます。
5. That salesman has a reputation for **ripping off** his customers.
   あのセールスマンは顧客をかもにしているという評判が立っています。

＊tornado「竜巻」／shop online「オンラインで買い物する」／reputation「評判」

英作文・エクササイズ

▶ phrasal verbや他の語句を空所に入れ、日本語と同じ意味の英文を作ろう。

1. 彼女は結婚指輪を抜き取り、夫に向かって投げつけました。
She _________ ______ her wedding band and threw it _____ her husband.

2. そのかさぶた剥がさないで。自然に剥がれるようにしなさい。
_________ ______ ______ that scab. Let it fall off naturally.

3. 詐欺師の会計士は顧客を数年間かもにしていました。
The crooked accountant __________ ______ his clients for _________.

＊wedding band「結婚指輪」／scab「かさぶた」／fall off「離れる；剥がれる」／crooked「不正な；詐欺の」

書き換え・エクササイズ

▶ 次の各センテンスをphrasal verbを使って書き換えよう。

1. It hurts more if you don't remove the bandage quickly.

____

2. The children tore the wrapping off their presents in glee.

____

3. Tourists often complain about being cheated by taxi drivers.

____

4. The customer stole a leather jacket by wearing it out of the store.

____

＊bandage「絆創膏」／in glee「大よろこびで」／cheat「だます」／steal「盗む」

解答
[英作文・エクササイズ] 1. ripped / off / at　2. Don't / rip / off　3. ripped / off / years
[書き換え・エクササイズ] 1. It hurts more if you don't rip off the bandage.（絆創膏はさっと剥がさないともっと痛みますよ。）　2. The children ripped the wrapping off their presents in glee.（子どもたちは、大よろこびでプレゼントの包みを剥ぎ取りました。）　3. Tourists often complain about being ripped off by taxi drivers.（よく観光客はタクシー運転手にかもられたと文句を言います。）　4. The customer ripped off a leather jacket by wearing it out of the store.（その客は革ジャンを着たまま店の外に出てだまし取りました。）

102 Run down

意味①／hit someone or something with a vehicle
意味②／gradually lose power or energy
意味③／give a detailed explanation

run「走る」＋ down「下って」の組み合わせの基本の意味は**「走り下る」あるいは「流れ下る；落ちる」**など。run down a street**「通りを走って下る」**が文字どおりの使い方だ。ただし、downに特別な意味がなく、単に**「通りを走る」**という意味にもなる。さらに「だれかを追い捕まえる目的ですばやく走る」＝**「追い詰める；狩り立てる」**という意味もある。

また、run downには**「（自動車などで人や物にぶつかって）なぎ倒す；轢く」**という意味もある。この用法では文脈に悪意や法令の無視などのニュアンスが含まれている場合が多い。

さらに、run downはエネルギーやパワーが減少する、あるいは切れる状態を表すこともある。この用法では、**「（徐々に）衰えさせる；減らす；落とす」「切れる」**といった訳語が当てられる。

このほかrun downには**「（言葉で情報などを）詳しく説明する」「リストに目を通す」「声に出して読む」**といった意味合いもある。

シャドーイング・エクササイズ

DL-102

▶ 音声を聞きながらシャドーイングしてみよう。

1. A man was **run down** and killed by a drunk driver.
   ある男性が酔った運転手の車に轢かれ殺されました。
2. The bus driver nodded off and **ran down** a stop sign.
   バスの運転手が居眠りをして一時停止の標識をなぎ倒しました。
3. Turn that flashlight off or you'll **run down** the batteries.
   その懐中電灯を消さないと、バッテリーが減りますよ。
4. If you keep working so much overtime, you'll **run** yourself **down**.
   あまり残業を続けると、疲れてしまいますよ。
5. **Run down** the list of items on the meeting agenda.
   会議の議題の項目リストを読んで［教えて］ください。

＊drunk「酔った」／nod off「居眠りをする」／work overtime「残業する」／agenda「議題」

英作文・エクササイズ

▶ phrasal verbや他の語句を空所に入れ、日本語と同じ意味の英文を作ろう。

1. ふたりの歩行者が通りを横切っている最中に車に轢かれました。
   Two pedestrians ______ ______ ______ as they crossed the street.
2. パワーが減るにつれて明かりが暗くなりました。
   The lights got dimmer as the power ______ ______.
3. 昨日のバスケットの試合のハイライトを詳しく教えてください。
   ______ ______ the highlights of last night's baseball game ______ me.

＊pedestrian「歩行者」／dim「ほの暗い」

書き換え・エクササイズ

▶ 次の各センテンスをphrasal verbを使って書き換えよう。

1. Three deer were hit by cars in our neighborhood this week.

   ____

2. The huge cruise liner struck a small fishing boat.

   ____

3. My phone battery died. I need to recharge it.

   ____

4. The judge recited a long list of crimes the defendant was accused of.

   ____

＊cruise liner「大型巡航客船；クルーズ船」／recite「声に出して言う；列挙する」／defendant「被告」

解答

[英作文・エクササイズ] 1. were / run / down　2. ran / down　3. Run / down / for
[書き換え・エクササイズ] 1. Three deer were run down in our neighborhood this week.（3頭の鹿が今週うちの近所で車に轢かれました。）　2. The huge cruise liner ran down a small fishing boat.（巨大なクルーズ船が小さな釣り船に衝突しました。）　3. My phone battery ran down. I need to recharge it.（携帯のバッテリーが切れました。充電する必要があります。）　4. The judge ran down a long list of crimes the defendant was accused of.（判事は被告が告訴された犯罪の長いリストを読み上げました。）

103 Run over

意味①／hit with a vehicle
意味②／exceed a limit
意味③／explain or discuss something again

run overには **「（車で）ちょっと立ち寄る」** という意味がある。例えば、I'm going to run over to the store. は「ちょっと(車で)店に寄ってくる」のように使われる。

さらに、**run downと同様「（車などの乗り物で）轢く；なにかの上を走る」** という意味もある。

次に、run overには **「越える；溢れる；越えてこぼれる；超過する」** という意味もある。時間や容量などの限界を超えて流れ出すイメージだ。「容量を超過する」という意味ではoverflow「溢れる」と同義だ。

また、run overには繰り返しの意味合いもある。そのため **「繰り返しなにかを説明したり議論したりする」** という意味が出てくる。この意味の用法は、物事を明確にしたり、確認したりする場面で用いられる。時折、繰り返しでなく、**はじめて説明や議論をする場面で用いる場合もある**ので注意。

シャドーイング・エクササイズ　DL-103

▶ 音声を聞きながらシャドーイングしてみよう。

1. Somebody **ran over** our cat last night.
   昨夜だれかがうちのネコを車で轢きました。
2. My neighbor **ran over** my bicycle.
   隣の人が私の自転車を車で轢きました。
3. The meeting **ran over** by 30 minutes.
   ミーティングは30分予定をオーバーしました。
4. Don't pour too much beer in the glass or it will **run over**.
   グラスにビールをあまり注がないで、溢れてしまいます。
5. **Run over** the instructions one more time please.
   もう一度、指示を繰り返してください。

＊pour「注ぐ」／instructions「指示；説明」

英作文・エクササイズ

▶ phrasal verb や他の語句を空所に入れ、日本語と同じ意味の英文を作ろう。

1. 釘の上を走ってしまってパンクしました。
   I ______ ________ some nails and ______ a flat tire.
2. 予算を超過して、経費を少々削らなければなりませんでした。
   We ______ _______ budget and ______ to cut some expenditures.
3. あなたが欠席した会議の重要なポイントを説明したいです。
   I'd like _____ ______ _______ the main points of the meeting you missed.

＊flat tire「パンク」／budget「予算」／expenditure「出費；経費」

書き換え・エクササイズ

▶ 次の各センテンスをphrasal verbを使って書き換えよう。

1. Our dog almost got hit by a speeding taxi last night.

   ____

2. The negotiations have exceeded the December 31st deadline.

   ____

3. I overfilled the bucket and the water overflowed.

   ____

4. I'm going to explain the process one more time, so pay attention!

   ____

＊speeding「スピード違反の；速い」／negotiation「交渉」／exceed「超過する；超える」／deadline「最終締め切り」／overfill「入れすぎる」／process「過程；プロセス」

解答 [英作文・エクササイズ] 1. ran / over / got 2. ran / over / had 3. to / run / over [書き換え・エクササイズ] 1. Our dog almost got run over by a speeding taxi last night.(昨晩うちのイヌがすごいスピードのタクシーに跳ねられそうになりました。) 2. The negotiations have run over the December 31st deadline.(交渉は12月31日の最終期限を越えました。) 3. I overfilled the bucket and the water ran over.(バケツに水を入れすぎて、こぼしてしまいました。) 4. I'm going to run over the process one more time, so pay attention!(プロセスをもう一度説明しますから、注意して聞いてください!)

104 Settle down

意味① ／ relax or become calmer, quieter or less agitated
意味② ／ (begin to) live a stable or routine life

settleの基本的な意味は「どこかへ移動して住居を定める」＝「移り住む」。settler「入植者」がその名詞形だ。settle downになると、**空中や海に浮かんでいるものが底まで移動しそこに落ち着くといったイメージ**になる。

そのイメージから①の**「落ち着く」あるいは「動揺しない」**という意味合いが出てくるが、これはSettle down!「落ち着け！」のように使われる。またこの意味の「落ち着く」は**「(天候が) 落ち着く；和らぐ」**という意味でも使われる。

また、「落ち着く」は社会的な意味でも用いられる。この用法では、**「精神的に落ち着いて大人になる」「身を固めて結婚する」「家庭をもつ」「安定した仕事を得て落ち着く」「安定した責任ある生活を送る」**といった意味合いになる。

シャドーイング・エクササイズ　DL-104

▶ 音声を聞きながらシャドーイングしてみよう。

1. You need to **settle down** and concentrate.
   あなたは落ち着いて集中する必要があります。
2. **Settle down**! Don't get upset by his comments.
   落ち着きなさい！ 彼の意見に腹を立ててはいけません。
3. The storm is expected to **settle down** in a few hours.
   嵐は数時間で落ち着く見込みです。
4. One day I want to **settle down** and have a family.
   いつか落ち着いて家庭をもちたいと思っています。
5. I'm not ready to **settle down** yet; I'm still young.
   まだ落ち着くには早すぎます。私はまだ若いんです。

＊concentrate「集中する」／comment「意見」

英作文・エクササイズ

▶ phrasal verbや他の語句を空所に入れ、日本語と同じ意味の英文を作ろう。

1. 落ち着いて！ 地震は止みましたから、大丈夫ですよ。
______ ______! The earthquake is ______, and we'll be alright.

2. 娘が生まれたことで、彼は落ち着き責任をもつことを強いられました。
The ______ of his daughter forced him to ______ ______ and be responsible.

3. いつになったら落ち着いてちゃんとした仕事に就くつもりですか？！
When are you going ______ ______ ______ and get a real job?!

＊earthquake「地震」／responsible「責任のある」／real job「ちゃんとした仕事」

書き換え・エクササイズ

▶ 次の各センテンスをphrasal verbを使って書き換えよう。

1. Many people today can't seem to relax without taking pills.

______

2. Kids, it's time to calm down and get ready for bed.

______

3. Jim loves the surfing life and can't see himself living "normally."

______

4. Kenji finally met the woman of his dreams and decided to get married.

______

＊pill「錠剤」／calm down「落ち着く」／normally「ふつうに」／woman of one's dreams「理想の女性」

解答

[英作文・エクササイズ] 1. Settle / down / over 2. birth / settle / down 3. to / settle / down [書き換え・エクササイズ] 1. Many people today can't seem to settle down without taking pills.（いまの多くの人は、薬を飲まずには精神的に落ち着かないようです。） 2. Kids, it's time to settle down and get ready for bed.（子どもたち、騒ぐのをやめてベッドに入る準備をする時間ですよ。） 3. Jim loves the surfing life and can't see himself settling down.（ジムはサーフィン生活が大好きで、ふつうの社会生活をしている姿を思い浮かべられません。） 4. Kenji finally met the woman of his dreams and decided to settle down.（ケンジはついに理想の女性に出会い、身を固めることを決意しました。）

105 Take after

意味① ／ be similar in physical appearance to a relative
意味② ／ imitate the behavior of someone

take after ... の代表的な意味は「…に似ている」。身体的な特徴の類似にも習慣などの類似にも言及できる。

これをほかのフレーズで表現するには、look like ...「…に似ている」あるいはact like ...「…のように行動する」を使うことができる。

さらに、**だれかを「見習う；模範として真似る」**という意味でも用いられる。見習う対象は、家族のだれかであるかもしれないし、模範として尊敬しているだれかであるかもしれない。

２番目の意味は、**見習う行為がよくない場合など、ネガティヴなニュアンスでも用いられる。**

シャドーイング・エクササイズ

▶ 音声を聞きながらシャドーイングしてみよう。

1. Everyone agreed the baby **took after** his mother.
   その赤ん坊が母親似であることにだれもが同意しました。

2. My sister **takes after** my mother in appearance.
   妹は外見が母親に似ています。

3. My son is going to **take after** his grandfather and join the army.
   息子は彼の祖父を見習って軍隊に入りました。

4. You should **take after** Jimmy; he is always reading and studying.
   君はジムを見習うべきだよ。彼はいつも読書や勉強をしているよ。

5. With his bright blue eyes, he doesn't **take after** anyone in his family.
   明るく青い瞳をしていて、彼は家族のだれとも似ていません。

＊appearance「外見」／army「軍隊」

英作文・エクササイズ

▶ phrasal verbや他の語句を空所に入れ、日本語と同じ意味の英文を作ろう。

1. くぼんだ目をしているので、確かに彼は父親に似ています。
   ________ his deep-set eyes, he _______ after his father for sure.
2. お兄ちゃんを見習ってはダメですよ。お兄ちゃんはひどい模範ですからね。
   You shouldn't _______ ________ your brother; he is a _________ role model.
3. 彼の娘は父親を見習い、外科医になることを決心しました。
   His daughter __________ to _______ ________ her father and become a surgeon.

＊deep-set「くぼんだ」／role model「模範（となる人物）」／surgeon「外科医」

書き換え・エクササイズ

▶ 次の各センテンスをphrasal verbを使って書き換えよう。

1. I could see from her picture that she resembled her maternal grandmother.

   ____

2. Growing up without parents, the orphan imitated his gym teacher.

   ____

3. The famous painter mimicked his father, who was also a renowned artist.

   ____

4. You shouldn't be like your father, he could never keep a job.

   ____

＊maternal「母方の」／orphan「孤児」／imitate「手本にする；真似る」／mimic「真似る；ものまねする；模倣する」／renowned「有名な」

解答 ［英作文・エクササイズ］1. With / takes　2. take / after / terrible　3. decided / take / after　［書き換え・エクササイズ］1. I could see from her picture that she took after her maternal grandmother.（写真から、彼女が母方の祖母に似ていることがわかりました。）　2. Growing up without parents, the orphan took after his gym teacher.（両親がいなくて育ったので、その孤児はジムの先生を模範にしました。）　3. The famous painter took after his father, who was also a renowned artist.（有名な画家は、これも高名な芸術家だった父を模範としました。）　4. You shouldn't take after your father, he could never keep a job.（父さんを見習ってはダメだよ。父さんは決して仕事が続かない人だから。）

106 Break out

意味① ／ escape (jail or captivity)
意味② ／ the sudden appearance or spread of a disease, fire, etc.
意味③ ／ remove from storage; prepare something for use

牢屋や監獄から逃亡するためには、牢を壊す必要がある。**break out (of ...)は「壊して（…の）外へ出る」つまり「（…から）逃げる」**という意味になる。

また、break outには伝染病などの急な発生や拡大を意味する使い方もある。**「突発する；急発生する」「拡大する」**という意味での用法だ。

さらに、**「（なにかを使用するためにパッケージなどを破って）外に出す；取り出す」**という意味もある。

ちなみにBreak out the cigars!「葉巻を取り出せ！」は、「さあ、お祝いしよう！」といった意味の慣用表現だ。

シャドーイング・エクササイズ　DL-106

▶ 音声を聞きながらシャドーイングしてみよう。

1. Three convicted murderers **broke out** of jail last night.
   有罪判決を受けた３人の殺人犯たちが昨夜脱獄しました。
2. A rash **broke out** on the baby's face.
   赤ん坊の顔に急に発疹出てきました。
3. The newspaper reported that Ebola has **broken out** in Africa.
   アフリカでエボラ出血熱が発生したと新聞が伝えました。
4. A fire **broke out** in one of the office buildings downtown.
   繁華街のオフィスビルのひとつで急に火災が発生しました。
5. The players **broke out** a bottle of champagne to celebrate their win.
   選手たちは勝利を祝うために、シャンペンのボトルを取り出しました。

＊convicted「有罪判決を受けた」／murderer「殺人犯」／rash「発疹」／Ebola「エボラ出血熱」

英作文・エクササイズ

▶ phrasal verbや他の語句を空所に入れ、日本語と同じ意味の英文を作ろう。

1. 入所者は脱獄して数時間以内に全員再逮捕されました。
The inmates were all recaptured ________ hours of ________ ______ of prison.

2. 新しい税法が可決されたあと、首都で暴動が発生しました。
Riots ________ out in the ________ after the new tax law was passed.

3. 電気が止まったあと、ロウソクを出さねばなりませんでした。
We had to ________ ______ the candles after the electricity went ______.

＊inmate「入所者」／recapture「再逮捕する」／riot「暴動」／electricity「電気」

書き換え・エクササイズ

▶ 次の各センテンスをphrasal verbを使って書き換えよう。

1. Looting flared up in the aftermath of the earthquake.

____

2. Cases of measles began to spread on the small island.

____

3. He readied his best suit for the job interview.

____

4. The three convicts escaped from prison and fled the country.

____

＊looting「略奪（行為）」／flare up「勃発する；突発する」／aftermath「直後；余波」／measles「麻疹；はしか」／spread「拡大する；広がる」／ready「用意する」／job interview「就職面接」／convict「囚人」／fled「逃げた」fleeの過去形。

解答 [英作文・エクササイズ] 1. within / breaking / out　2. broke / capital　3. break / out / out　[書き換え・エクササイズ] 1. Looting broke out in the aftermath of the earthquake.（地震の直後に略奪行為が発生しました。）　2. Cases of measles broke out on the small island.（小さな島で麻疹の流行が拡大しました。）　3. He broke out his best suit for the job interview.（就職面接のために、彼はいちばんいいスーツを出しました。）　4. The three convicts broke out of prison and fled the country.（3人の囚人が刑務所から脱獄し、その国から逃亡しました。）

107 Set up

意味①／establish a company or organize an event
意味②／prepare tools or equipment for use
意味③／provide someone with ample money/supplies

set upには非常に多くの意味があるが、ここではもっとも一般的なものを3つ紹介する。

ひとつ目は**「（存在しなかった新しいものを）創り出す；設立する；立ち上げる；建設する」**。ビルの建築やビジネス、イベントなどの創設に使うことができる。

またset upには**「（機材などを組み立て利用できるように）準備する；設定する」**という意味もある。テントは利用する前に組み立てる必要があるがこれをイメージするとわかりやすい。**「テントを張る」「三脚をセットする」「コンピューター機器などを設定する」**といった場面で使われる。

さらに、**「（だれかに十分な資金や供給物などを）提供・供給する」**という意味での使い方もある。例えばset up for lifeは「一生食べていける；困らない；安泰である」といった意味で、一生食べていけるほどの大金を手にした場面で用いられる。

シャドーイング・エクササイズ　DL-107

▶ 音声を聞きながらシャドーイングしてみよう。

1. The wealthy businessman **set up** a charitable foundation.
   裕福なビジネスマンが慈善のための財団を創設しました。
2. Our company just **set up** a new manufacturing plant in Beijing.
   わが社は北京に新しい製造工場を建設したところです。
3. I'll **set up** the grill while you open the wine!
   あなたがワインを開けている間に、グリルを準備しておきます！
4. My company **set** me **up** with a nice apartment during my trip.
   会社は私のために出張中に使うよいアパートを提供してくれました。
5. These supplies should **set** us **up** for the entire month.
   これだけの物資があればひと月丸々大丈夫なはずですね。

＊manufacturing plant「製造工場」／supplies「物資；（食料・薬などの）必需品」／entire「全体の；丸ごと全部の」

英作文・エクササイズ

▶ phrasal verbや他の語句を空所に入れ、日本語と同じ意味の英文を作ろう。

1. 政府は財政支出を監督する委員会を立ち上げました。
The government ______ ______ a committee to ___________ financial expenditures.

2. 警察は酔った運転手を停止させるチェックポイントを作りました。
The police have _______ ______ checkpoints ______ stop drunk drivers.

3. 受け取った遺産で彼女は一生お金に困りません！
The inheritance she received ______ ______ _____ for life!

＊financial expenditure「財政支出」／inheritance「遺産；相続財産」

書き換え・エクササイズ

▶ 次の各センテンスをphrasal verbを使って書き換えよう。

1. A crowd-funding campaign was established to feed starving children.

____

2. We should organize a celebration for the company's 50th anniversary.

____

3. I can't figure out how to connect this new computer monitor.

____

4. My company provided me with a company car and corporate credit card.

____

＊feed「食事を与える；食べさせる」／starving「飢えた；餓死しかけている」／celebration「祝賀会；祝典」／connect「接続する」／corporate「会社の」

解答

［英作文・エクササイズ］1. set / up / oversee　2. set / up / to　3. set / her / up
［書き換え・エクササイズ］1. A crowd-funding campaign was set up to feed starving children.（飢えた子どもたちに食料を与えるために、クラウドファンディングのキャンペーンが創設されました。）
2. We should set up a celebration for the company's 50th anniversary.（わが社は創業50周年の祝賀会を行うべきです。）　3. I can't figure out how to set up this new computer monitor.（この新しいPCモニターをどうやってセットアップするのかわかりません。）　4. My company set me up with a company car and corporate credit card.（会社が社用車と会社のクレジットカードを提供してくれました。）

108 Shake up

意味① ／ mix, stir or agitate
意味② ／ upset, frighten or shock someone
意味③ ／ change or reorganize a business or organization

shake upの基本の意味は**「なにかを両手でつかんで強く振る；振って混ぜる；攪拌する；シェイクする」**。サラダのドレッシングを振るときのイメージを浮かべるとわかりやすい。多くの場合容器に入った水分に関して使うが、必ずしもそうとは限らない。

また、日常会話で多い用法には、**「だれかの心を掻き回して悲しみ・怒り・ショックなどの感情を引き出す」**という意味での使い方がある。日本語にすると**「狼狽させる」「ぎくりとさせる」「動揺させる」「奮い立たせる」「活気づける」**などの訳語が当てられる。

また**「（組織などの）現状を変更する」とか「改善のために方法を変えて行う」「改革する」「再編する」**といった意味合いもある。

シャドーイング・エクササイズ　DL-108

▶ 音声を聞きながらシャドーイングしてみよう。

1. You should **shake up** that juice before drinking it.
   そのジュースは飲む前に振っておくべきです。
2. The bartender is **shaking up** a cocktail.
   バーテンダーはカクテルをシェイクしています。
3. Seeing that car accident really **shook** me **up**.
   あの自動車事故を見てひどく動揺しました。
4. The coach decided to **shake** things **up** and try a different tactic.
   コーチは現状を変えて異なる戦術を試してみる決意をしました。
5. The new CEO intends to **shake up** the corporate culture.
   新たなCEOは社風を変えるつもりです。

＊bartender「バーテンダー」／accident「事故」／tactic「戦術」／intend to ...「…するつもりだ」

英作文・エクササイズ

▶ phrasal verbや他の語句を空所に入れ、日本語と同じ意味の英文を作ろう。

1. 小麦粉と塩、コショウをジップロックの袋に入れて、振り混ぜます。
   Put the flour, salt and pepper in a Ziploc bag and ________ _____ _____.
2. 首相の死のニュースがその国を揺さぶりました。
   The news of the prime minister's death ________ _____ the country.
3. 経営陣の変更が、その企業の現状を大きく変更しました。
   The management changes really ________ things _____ _____ the firm.

＊flour「小麦粉」／prime minister「首相」／management「経営陣」

書き換え・エクササイズ

▶ 次の各センテンスをphrasal verbを使って書き換えよう。

1. Mix up that salad dressing before you pour it.
   ____
2. I'm still disturbed from watching that horror movie last night.
   ____
3. The new president vowed to make changes to the organization.
   ____
4. Three new players were brought in to invigorate the team.
   ____

＊mix up「混ぜる」／pour「注ぐ」／disturbed「動揺して」／vow to ...「…することを誓う」／invigorate「活気づける」

解答
[英作文・エクササイズ] 1. shake / it / up　2. shook / up　3. shook / up / in
[書き換え・エクササイズ] 1. Shake up that salad dressing before you pour it.(そのサラダドレッシングは注ぐ前によく振ってください。)　2. I'm still shaken up from watching that horror movie last night.(昨夜あのホラー映画を観たので、まだ動揺しています。)　3. The new president vowed to shake up the organization.(新社長は組織改革を行うことを誓いました。)　4. Three new players were brought in to shake up the team.(チームを活気づけるために、3名の新選手が投入されました。)

109 Stand up

意味①／rise to a standing position
意味②／resist criticism or physical attack; defend one's moral ideas
意味③／fail to appear as promised

stand up to、stand up againstの形で「(言葉による批判や肉体的な攻撃に)抗う；立ち向かう」といった意味合いで用いられる。日本語の**「抵抗する」「拒否する」「立ち向かう」「守る」「弁護する」**などの意味が当てられる。

stand up toとstand up againstの区別は、**前者が人からの攻撃などに抗するのに対し、後者が理想や信念のために抗する、あるいは悪徳などに抗する**点だ。

stand up forは**「自分の考えや権利、信念、道徳心など守る」**場面でよく使われる。また、**自らを守れない第三者を「弁護する」**場面でも登場する。

またstand upはビルなどの動かないものの耐久性に関して使われることもある。その場合**「持ちこたえる；耐える」**といった日本語訳が妥当だ。

最後に、stand someone up「だれかを立たせておく」で**「待ちぼうけを食わせる」**という意味にもなる。この用法はデートなどロマンチックな文脈でよく使われる。

シャドーイング・エクササイズ　DL-109

▶ 音声を聞きながらシャドーイングしてみよう。

1. Everyone **stood up** during the national anthem.
   国歌が流れている間、全員が立ち上がりました。
2. The young student **stood up** to the bullies.
   その若い学生はいじめっ子に立ち向かいました。
3. Always **stand up** for what you believe in.
   いつでも自分の信じるものを守りなさい。
4. These buildings were built to **stand up** to hurricanes.
   これらのビルはハリケーンに耐えるように建設されました。
5. I was supposed to have a dinner date but she **stood** me **up**.
   ディナー・デートをすることになっていましたが、彼女に待ちぼうけを食らいました。

＊national anthem「国家」／bully「いじめっ子」／hurricane「ハリケーン」／be supposed to ...「…することになっている」

英作文・エクササイズ

▶ phrasal verbや他の語句を空所に入れ、日本語と同じ意味の英文を作ろう。

1. 前屈みにならず、まっすぐ立ちなさい。
   Don't slouch, _______ _____ straight.
2. 政治家として、彼はいつも汚職と闘っていました。
   As a politician, he always ________ _____ __________ corruption.
3. 3時にミーティングをする予定でしたが、すっぽかされました。
   I ______ supposed to have a three o'clock meeting but I ______ ________ _____.

＊slouch「前屈みになる」／politician「政治家」／corruption「汚職；不正行為」

書き換え・エクササイズ

▶ 次の各センテンスをphrasal verbを使って書き換えよう。

1. It's courtesy to rise when a judge enters the courtroom.
   ____
2. A demonstration was held to defend women's rights.
   ____
3. Japanese skyscrapers are designed to withstand earthquakes.
   ____
4. His fiancée didn't appear at their wedding.
   ____

＊courtesy「礼儀」／defend「守る」／skyscraper「高層ビル；摩天楼」／withstand「持ちこたえる；耐える」／earthquake「地震」／fiancée「（女性）婚約者」

解答 [英作文・エクササイズ] 1. stand / up　2. stood / up / against　3. was[got] / stood / up　[書き換え・エクササイズ] 1. It's courtesy to stand up when a judge enters the courtroom.（判事が法廷に入るときは立ち上がるのが礼儀です。）　2. A demonstration was held to stand up for women's rights.（女性の権利を守るためのデモが行われました。）　3. Japanese skyscrapers are designed to stand up to earthquakes.（日本の高層ビルは地震に耐えるように設計されています。）　4. His fiancée stood him up at their wedding.（彼の婚約者は結婚式に現れませんでした。）

110 Stick out

意味①／extend or project outward
意味②／be highly noticeable
意味③／withstand or endure some hardship

stickは動詞としては「しっかりとくっつく；固着する；突き刺す」といった意味が基本だ。

しかし、stick outになると、意味が完全に変化してしまう。**「外に伸びる；突き出る；はみ出す；空間に突出する」**という意味がまずひとつ目だ。

この意味から転じて**「非常に目立つ；やたらと目につく」**といった意味も出てくる。日本語の「出る杭は打たれる」ということわざをイメージするとわかりやすいだろう。髪の毛の色や話し方などいろいろなものが目立つ場面でよく用いられる。

stick outの３番目の意味は**「最後まで抵抗する；我慢する；続ける；がんばり抜く」**。なんらかの困難に負けず最後まで我慢し耐え忍ぶイメージ。なんらかの状況説明に続けて、stick it outの形で使われることが多い。

シャドーイング・エクササイズ　DL-110

▶ 音声を聞きながらシャドーイングしてみよう。

1. Once he turned 40, his beer belly started to **stick out**.
   40歳を超えるとすぐに、彼のビール腹は目立ち始めました。
2. The roots of the tree were **sticking out** of the ground.
   木の根っこが地面から突き出ていました。
3. Her beautiful green eyes always made her **stick out**.
   美しい緑色の目が、いつも彼女を目立たせていました。
4. Americans always **stick out** in Europe because of their accents.
   訛りのせいで、アメリカ人はヨーロッパでは必ず目立ってしまいます。
5. It was almost too cold to ski, but we **stuck** it **out**.
   スキーをするには寒すぎるほどでしたが、最後までがんばりました。

＊Once ...「…するとすぐに」／root「根」／accents「訛り」

英作文・エクササイズ

▶ phrasal verbや他の語句を空所に入れ、日本語と同じ意味の英文を作ろう。

1. 彼の耳が突き出ていたので、いつも彼はクラスメートにからかわれました。
His classmates always teased him because his ears ________ ______.

2. よく人は目立つためにタトゥーを入れたりボディーピアスをしたりします。
People often get tattoos or body piercings in order _____ ________ ______.

3. 今期の大学はとても大変でしたが、最後までがんばりました。
This was a really tough semester at college, but I ________ _____ ______.

＊tease「からかう；冷やかす」／tattoo「入れ墨；タトゥー」／body piercing「ボディー・ピアシング」／semester「学期」

書き換え・エクササイズ

▶ 次の各センテンスをphrasal verbを使って書き換えよう。

1. In Einstein's most famous photo his tongue is protruding.

____

2. The singer's pink hair made her more noticeable than her voice.

____

3. He was different from others because of his height.

____

4. The race was grueling, but we managed to complete it.

____

＊protrude「突き出る」／noticeable「目立つ」／height「身長；高さ」／grueling「厳しい；辛い」／manage to ...「なんとか…する」

解答

[英作文・エクササイズ] 1. stuck / out　2. to / stick / out　3. stuck / it / out
[書き換え・エクササイズ] 1. In Einstein's most famous photo his tongue is sticking out.（アインシュタインのもっとも有名な写真の中で、彼の下は突き出ています。）　2. The singer's pink hair made her stick out more than her voice.（その歌手のピンク色の髪の毛が、彼女の声よりも目立っていました。）　3. He stuck out from others because of his height.（彼は高身長のせいでほかの人たちより目立っていました。）　4. The race was grueling, but we managed to stick it out.（レースは厳しいものでしたが、なんとか最後までやり遂げました。）

111 Stick to

意味① ／ adhere to something
意味② ／ continue doing something (despite hardship)

stick toの基本の意味は**「くっつく；離れない；貼りつく」**だ。なにか固着しやすいものを通してくっつくイメージ。あるいはふたつのものが互いにくっついて離れないイメージを浮かべてほしい。

また、この**離れないイメージや貼りつくイメージから、「（困難な状況にもかかわらず）粘る」「粘り抜く」「最後までやり通す」「執着する」といった意味も出てくる。**

この用法は仕事に関して用いられることが多く、**目を背けたり、逸脱したりすることなくひとつの仕事・作業に専心する**といった場面でよく用いられる。脇目も振らずに行うイメージだ。

また、道路など**なんらかのコースから逸れない、集中を途切らせない**といった意味合いで用いることもある。

シャドーイング・エクササイズ　DL-111

▶ 音声を聞きながらシャドーイングしてみよう。

1. You need to **stick to** the fundamentals if you want to improve.
向上したいのなら、基本に忠実である必要があります。

2. Despite the setbacks we **stuck to** our original strategy.
挫折にもかかわらず、私たちは最初の戦略を固守しました。

3. I should have just **stuck to** my old job instead of quitting.
前の仕事を辞めるのではなく、続けているべきでした。

4. I should have **stuck to** golf in high school.
高校のときゴルフを諦めるべきではありませんでした。

5. If you **stick to** the main roads, the snow won't be a problem.
主要道路を走り続けるなら、雪は問題にはならないでしょう。

＊fundamentals「基本」／set back「挫折」

英作文・エクササイズ

▶ phrasal verbや他の語句を空所に入れ、日本語と同じ意味の英文を作ろう。

1. あなたはビールにしていいですよ、でも、私はいつもどおりワインにします。
   You can order beer, but I am going _____ ________ _____ wine.
2. 共和党員たちは保守的政策指針から逸脱することはありませんでした。
   The Republicans ________ _____ their _______________ agenda.
3. 喫煙者の多くは同じブランドのタバコを吸い続けます。
   Most smokers ________ _____ the same ________ of cigarettes.

＊republican「共和党員」／conservative「保守的な」／agenda「政策；指針」

書き換え・エクササイズ

▶ 次の各センテンスをphrasal verbを使って書き換えよう。

1. This stamp won't adhere to the envelope properly.

   ____

2. I never lose weight because I can't follow my diet.

   ____

3. It was very difficult, but he kept his promise to never tell.

   ____

4. Learning a second language is hard but rewarding if you keep at it.

   ____

＊adhere to ...「…にくっつく」／promise「約束」／rewarding「有益な；価値のある」／keep at ...「…を継続する」

解答 ［英作文・エクササイズ］1. to / stick / to　2. stuck / to / conservative　3. stick / to / brand　［書き換え・エクササイズ］1. This stamp won't stick to the envelope properly.（この切手は封筒にちゃんとくっつきません。）　2. I never lose weight because I can't stick to my diet.（ダイエットを続けることができないので、決して体重が減らないんです。）　3. It was very difficult, but he stuck to his promise to never tell.（非常に難しかったけれど、彼は話さない約束を固守しました。）　4. Learning a second language is hard but rewarding if you stick to it.（第二外国語を学ぶことは大変ですが、やり続ければ利益があります。）

112 Stick up

意味① ／ point or extend upward
意味② ／ place an object where it can be seen
意味③ ／ use a weapon to rob an establishment

「なにかが平坦ではない、あるいは少なくともその一部が上に突き出している」場合に使われるのがstick upだ。この用法では**「上に突き出す；突き出る」**などの訳語が当てられる。**stick outと似ているが、違いは「上方に向かって突き出す」場合に用いられることだ。**

さらにstick upには**「（よく見えるように）なにかを上方に持ち上げたり置いたりする」**という意味合いもある。**「（よく見える場所に）掲示する」**とか**「（高い場所に）貼る」「高い場所に置く」**という日本語訳が当てられるだろう。

最後に、もうひとつhold upに似ているが、stick upにも**「強盗する」**という意味がある。武器などで脅して両手を上に挙げさせるところから転じて、この意味が出てきた。

また例文は掲載していないが、stick upには「だれかを攻撃や非難から守る」という意味の用法もある。

シャドーイング・エクササイズ DL-112

▶ 音声を聞きながらシャドーイングしてみよう。

1. My hair **sticks up** everywhere when I get out of bed.
   ベッドから出ると、髪の毛のあらゆる場所に寝癖ができているんです。

2. Everywhere we looked flowers **stuck up** from the ground.
   どこに行っても、地面から花が出ているのが見えました。

3. **Stick** this book **up** on that shelf please.
   この本のあの棚の上に載せてください。

4. The students **stuck** posters **up** at school to promote the event.
   イベントの宣伝のために、生徒たちは学校でポスターを貼りました。

5. Five armed men **stuck up** a casino in Las Vegas.
   5人の武装した男たちがラスベガスのカジノに強盗に入りました。

＊promote「宣伝する；販促する」／armed「武装した」

英作文・エクササイズ

▶ phrasal verbや他の語句を空所に入れ、日本語と同じ意味の英文を作ろう。

1. 頭の後ろのほうに寝癖ができていますよ。
   Your hair _____ ___________ _____ in the back.
2. 彼は帰宅が遅くなると書いたメモをドアに貼りました。
   He ________ a note _____ on the door saying he'd be home _______.
3. 私の兄弟はコンビニ強盗をして、監獄で5年を過ごしました。
   My brother spent five years in jail ______ __________ _____ a convenience store.

＊in the back「後ろで」／jail「牢；監獄」／convenience store「コンビニ」

書き換え・エクササイズ

▶ 次の各センテンスをphrasal verbを使って書き換えよう。

1. Raise your hands if you agree with me.

   ____

2. I placed all of the boxes up on the shelf.

   ____

3. Photos of the wanted criminals were placed all over town.

   ____

4. Police caught the people trying to rob a bank in broad daylight.

   ____

＊wanted「指名手配された」／criminal「犯罪者」／rob「強盗する；盗む」／in broad daylight「白昼堂々と」

解答

［英作文・エクササイズ］1. is / sticking / up　2. stuck / up / late　3. for / sticking / up
［書き換え・エクササイズ］1. Stick up your hands if you agree with me.（同意の方は手を挙げてください。）　2. I stuck all of the boxes up on the shelf.（すべての箱を棚の上に置きました。）　3. Photos of the wanted criminals were stuck up all over town.（指名手配犯の写真が町中に貼られました。）　4. Police caught the people trying to stick up a bank in broad daylight.（白昼堂々銀行強盗を試みた人々を警察が捕らえました。）

113 Straighten out

意味①／straighten or smooth something crooked
意味②／resolve a problem or misunderstanding
意味③／improve one's behavior

straighten outの基本の意味は**「まっすぐにする」。「曲がったもの、ねじ曲がったものなどを強制的にまっすぐにする」**ということだ。このoutには方向性の感覚はなく、「まっすぐ延びる・延ばす・伸びる・伸ばす」感覚や「一定の時間・距離続いている」あるいは「少々の努力が必要とされている」というニュアンスがある。また、基本の意味から転じて**「散らかったものやまとまりのないものを正しくする；きちんとする」**というニュアンスでも使われる。

さらに、straighten outは**「問題になっていることを解決する」あるいは「誤解を解く」**という意味にもなる。I straightened him out.「私は彼の誤解を解いた」といった使い方ができる。

もうひとつは**「だれかの行いや態度を改善させる」つまり「正す」「きちんとする・させる」あるいは「根性を叩き直す」**といった意味での使い方だ。これは無作法な子どもに関してよく使われるが、よくないことをしている大人に用いる場合もある。

シャドーイング・エクササイズ　DL-113

▶ 音声を聞きながらシャドーイングしてみよう。

1. She uses a flat iron to **straighten out** her curly hair.
   彼女はカールのかかった髪の毛を伸ばすのにフラットアイロンを使っています。
2. From here the road **straightens out** for miles.
   道路はここからまっすぐ数マイル延びています。
3. Tom and I had a misunderstanding, but we **straightened** it **out**.
   トムと私には誤解がありましたが、その誤解は解けました。
4. Good communication is important to **straighten out** problems.
   問題解決にはよいコミュニケーションが重要です。
5. If you don't **straighten out**, I'm going to smack you!
   ちゃんとしないと叩きますよ！

＊curly「カールのかかった」／misunderstanding「誤解」／smack「（罰として子どもを）平手で叩く」

英作文・エクササイズ

▶ phrasal verbや他の語句を空所に入れ、日本語と同じ意味の英文を作ろう。

1. その紙幣を機械に入れるためには、まっすぐに伸ばす必要があります。
   You need _____ ______________ ______ that bill before the machine will accept it.

2. 家計の問題を解決する手助けに会計士を雇いました。
   I _________ an accountant to help me ______________ ______ my finances.

3. 彼は手に負えない子どもだったのですが、高校在学中に更生しました。
   He was an unruly child, ______ he ______________ ______ during high school.

＊accept「受けつける」／accountant「会計士」／finances「家計；財政状況」／unruly「手に負えない；言うことを聞かない」

書き換え・エクササイズ

▶ 次の各センテンスをphrasal verbを使って書き換えよう。

1. I tried to smooth the wrinkles in my pants but couldn't.

   ____

2. It took years for the brothers to fix their relationship.

   ____

3. This problem is too complicated for me to resolve on my own.

   ____

4. I need a glass of wine to improve my mood.

   ____

＊smooth「平らにする」／relationship「関係」／resolve「解決する」

解答 ［英作文・エクササイズ］1. to / straighten / out　2. hired / straighten / out　3. but / straightened / out　［書き換え・エクササイズ］1. I tried to straighten out the wrinkles in my pants but couldn't.（ズボンのしわを伸ばそうとしましたが、できませんでした。）　2. It took years for the brothers to straighten out their relationship.（その兄弟が関係を改善するのには数年を要しました。）　3. This problem is too complicated for me to straighten out on my own.（この問題は、私ひとりで解決するにはあまりにも複雑です。）　4. I need a glass of wine to straighten out my mood.（機嫌を直すのにはワインが1杯必要です。）

114 Cover up

意味① ／hide something from view
意味② ／wear warm clothing
意味③ ／conceal the truth

cover upは**「なにかを隠す；覆い隠す」**という意味になるフレーズ。通常は毛布などでなにかを覆って隠すことになる。

また、寒い時期に余分の洋服を着用して暖かくする場面でも用いられる。この用法は日本語では**「着込む」「身をくるむ」**といった意味を当てることができる。

さらに**「真実を覆い隠す」「もみ消す」**という意味での使い方もある。**特にネガティヴな事件や、スキャンダルの内容を大衆にわからないようにもみ消したり隠したりする場面で用いられる。**The government covered up the scandal.「政府がそのスキャンダルをもみ消した」がその一例だ。またcoverupという名詞形もあり、これは「もみ消し（工作）；隠蔽（工作）」という意味で使われる。

シャドーイング・エクササイズ

▶ 音声を聞きながらシャドーイングしてみよう。

1. Don't forget to **cover up**. It's cold outside!
着込むのを忘れないで。外は寒いですよ！

2. The landlord **covered up** the old flooring with new carpet.
その大家は新しいカーペットで古いフローリングを隠しました。

3. The government is trying to **cover up** the scandal.
政府はそのスキャンダルを隠そうとしています。

4. The thief attempted to **cover up** the evidence of his crime.
泥棒は犯罪の証拠を隠蔽しようと試みました。

5. The company tried to **cover up** its hiring of illegal immigrants.
その企業は不法移民の雇用を行っていることを隠そうとしました。

＊landlord「大家」／thief「泥棒」／evidence「証拠」／illegal immigrant「不法移民；不法滞在者」

英作文・エクササイズ

▶ phrasal verbや他の語句を空所に入れ、日本語と同じ意味の英文を作ろう。

1. 女性は青あざを化粧で隠しました。

   The woman __________ _____ her bruises _______ cosmetics.

2. カップルは毛布にくるまって火の側に腰を下ろしました。

   The couple __________ _____ _______ a blanket and sat by the fire.

3. 当局はほんとうに起こったことを隠すことができました。

   The authorities were _________ to ________ up _______ really happened.

＊bruise「打ち身；打撲傷；青あざ」／authorities「当局」

書き換え・エクササイズ

▶ 次の各センテンスをphrasal verbを使って書き換えよう。

1. I hid the stains on my shirt by wearing a sweater.

   ____

2. We concealed the hole in the wall with a painting.

   ____

3. In Muslim countries, women must conceal their faces with a hijab.

   ____

4. I'm convinced the government is not telling the real story.

   ____

＊stain「染み」／Muslim「イスラム教の」／convinced「確信して」

解答 [英作文・エクササイズ] 1. covered / up / with　2. covered / up / with　3. able / cover / what　[書き換え・エクササイズ] 1. I covered up the stains on my shirt by wearing a sweater.（セーターを着てシャツの染みを隠しました。）　2. We covered up the hole in the wall with a painting.（絵で壁の穴を隠しました。）　3. In Muslim countries, women must cover up their faces with a hijab.（イスラム教諸国では、女性はヒジャーブで顔を隠さねばなりません。）　4. I'm convinced the government is covering up the real story.（私は政府が真実を隠していると確信しています。）

115 Fall for

意味① ／fall in love with someone
意味② ／be deceived

fallは「落下する；落ちる」という意味の動詞。fall forでは少し違った意味合いが出てくる。

「fall for ＋人」では**「…を好きになる；…に恋する；…に強く惹かれる；…に首っ丈になる」**といった意味になる。この用法は人間について、ロマンチックな文脈で使われるのがふつうで、物に関してはあまり使わない。

fall for には**「（なにかに） だまされる」**という意味もあり、**例えば、I fell for his joke.「彼の冗談にだまされた」のように使われる。**この用法のfall forは、通常lies「嘘」やtricks「ペテン；詐欺」、stories「作り話；嘘」などの語句とともに用いられる。

シャドーイング・エクササイズ

▶ 音声を聞きながらシャドーイングしてみよう。

1. I **fell for** my wife the first time I saw her.
   妻に最初に出会ったときに、彼女に恋したのです。
2. Ken is both rich and handsome. It's no wonder women **fall for** him.
   ケンはお金持ちでハンサムです。女性が彼に首っ丈になるのも無理はありません。
3. She wasn't my type, but I **fell for** her accent.
   彼女は私の好みのタイプではありませんでしたが、彼女の訛りに惹かれました。
4. I **fell for** the magician's trick.
   私はそのマジシャンのトリックにだまされました。
5. Don't **fall for** the claims in the advertising.
   広告の言っていることにだまされないでください。

＊type「好みのタイプ」／accent「訛り」／claims「主張」

英作文・エクササイズ

▶ phrasal verbや他の語句を空所に入れ、日本語と同じ意味の英文を作ろう。

1. クラスメートが教授のひとりに恋しました。
   My classmate ______ ______ ______ of our professors.
2. セールスマンは私にそれが特別なものだと言い、私はその言葉にだまされました。
   The salesman told me it was one of a kind, and I ______ ______ ______.
3. 彼の嘘にだまされないで。いつだって事実を誇張するんだから。
   ______ ______ ______ his lies, he is always exaggerating the truth.

＊one of a kind「唯一の；独特の；比類ない」／exaggerate「誇張する；大げさに言う」

書き換え・エクササイズ

▶ 次の各センテンスをphrasal verbを使って書き換えよう。

1. Women are attracted to his charm and smile.
   ____
2. She has dark brown eyes that men find irresistible.
   ____
3. Many older people were duped by the e-mail scam.
   ____
4. I told my boss I was sick, and he believed it.
   ____

＊charm「魅力」／irresistible「抵抗できない」／dupe「だます」／scam「詐欺」

解答

[英作文・エクササイズ] 1. fell / for / one　2. fell / for / it　3. Don't / fall / for
[書き換え・エクササイズ] 1. Women fall for his charm and smile.（女性たちは彼の魅力と微笑みに惹かれます。）　2. She has dark brown eyes that men fall for.（彼女は男性を虜にするダークブラウンの瞳をしています。）　3. Many older people fell for the e-mail scam.（多くの年配者がそのEメール詐欺に引っかかりました。）　4. I told my boss I was sick, and he fell for it.（私は上司に病気だと言い、彼はそれにだまされました。）

116 Eat up

意味①／finish eating food
意味②／consume a large amount of something (not food)

eat upは**「平らげる；食べ尽くす」**という意味が基本だ。ネイティヴには、このupに**「急ぎ」「急かし」のニュアンスが感じられる。**Eat up! という命令文では、「(さあ早く) 平らげてね！」といった感じだ。

ふたつ目の意味は、**「(食べ物以外のなんらかの物を) 大量に消費する；食う」。例えばエネルギーや金を消費するような場面で用いられる。**

ちなみに、eatの用法でおもしろいものとしては、What's eating you? がある。これは直訳すると「なにが君を食べているのだ？」となるが、これで「どうして悩んでいるの？」「なんでイラついているの？」といった意味になる。

シャドーイング・エクササイズ　DL-116

▶ 音声を聞きながらシャドーイングしてみよう。

1. Dinner's ready! **Eat up**.
   夕食ができたわよ！ さあ食べて。
2. The boy's mother made him **eat up** his vegetables.
   少年の母親は彼に野菜を平らげさせました。
3. These new air conditioners don't **eat up** a lot of electricity.
   この新しいエアコンは多くの電力を消費しません。
4. Big cars and trucks just **eat up** a lot of gasoline.
   大型車やトラックは、ほんとうに多くガソリンを食います。
5. My rent alone **eats up** almost half of my paycheck!
   家賃だけで私の給料のほぼ半分を使ってしまいます。

＊electricity「電気」／rent「家賃」／paycheck「給料」

英作文・エクササイズ

▶ phrasal verbや他の語句を空所に入れ、日本語と同じ意味の英文を作ろう。

1. 小さな男の子は、私があげたお菓子を全部平らげました。

The little boy ______ ______ every piece of candy I gave ______.

2. この新しいOSはあまりにも多くのメモリーを食います。

This new operating system ________ ______ way ______ much memory.

3. 2週間入院して、私の有給は全部なくなりました。

Two weeks in the hospital ______ ______ ______ my vacation days.

＊operating system「OS；オペレーティング・システム」／memory「メモリ」／vacation days「有給休暇」

書き換え・エクササイズ

▶ 次の各センテンスをphrasal verbを使って書き換えよう。

1. Finish your food before it gets cold!

____

2. My dogs ate the two steaks I left out to thaw.

____

3. Paying off his gambling debts exhausted all of his savings.

____

4. These eco-friendly light bulbs don't consume so much energy.

____

＊finish「終える」／thaw「解凍される；解ける」／pay off「完済する」／exhaust「使い果たす」／consume「消費する」

[英作文・エクササイズ] 1. ate / up / him　2. eats / up / too　3. ate / up / all　[書き換え・エクササイズ] 1. Eat up your food before it gets cold!（冷たくなる前に食べ物を食べてしまって！）　2. My dogs ate up the two steaks I left out to thaw.（解凍するために出しておいた2枚のステーキをうちのイヌが食べてしまいました。）　3. Paying off his gambling debts ate up all of his savings.（ギャンブルの借金の返済で、彼は預金を使い果たしました。）　4. These eco-friendly light bulbs don't eat up so much energy.（この環境にやさしい電球はあまりエネルギーを食いません。）

117 Fix up

意味①／repair something broken
意味②／make something more beautiful
意味③／cook or prepare food

fix upにも多くの意味が存在するが、ここではよく使われるものを3つ紹介する。

まずひとつ目は**「壊れた物を修理する」あるいは「古くなった物を磨き直す；改装する；改造する」**だ。

またふたつ目も概念的にこれに近いが、**「なにかをより美しくする；よりきれいにする；整える；整頓する；カラダを洗う」**といった日本語に相当する使い方もできる。この用法は多くの場合、身だしなみやカラダをきれいに洗うことなどに関連して多く用いられる。

3つ目の意味は**「料理する；食事の準備をする」**だ。アメリカの南部ではfixingsが実際に「食べ物」や「食材」の意味で用いられている。

また、上述の意味でのfix upのupには位置関連の意味はなく、完全性を表している。

シャドーイング・エクササイズ　DL-117

▶ 音声を聞きながらシャドーイングしてみよう。

1. My father **fixes up** old cars and resells them.
   父は古い車を修理して再販売しています。
2. I can't find anyone who can **fix up** my antique radio.
   私の古い骨董品のラジオを修理できる人が見つかりません。
3. The bride spent hours **fixing up** her hair for the wedding.
   花嫁は結婚式のために数時間をかけて髪の毛を整えました。
4. I **fixed up** the guest bedroom for our visitors.
   訪問客のために客用のベッドルームを整えました。
5. I will **fix up** some dinner for us.
   私が夕食を作りますね。

＊resell「転売する」／antique「骨董の」

英作文・エクササイズ

▶ phrasal verbや他の語句を空所に入れ、日本語と同じ意味の英文を作ろう。

1. お隣さんが無料で私の壊れた自転車を修理してくれました。
   My neighbor _______ _____ my _________ bicycle free of charge.
2. 夕食の前にカラダを洗っておいで。
   Go and ______ ___________ _____ before dinner.
3. B&Bのオーナーが、私たちに夕食を作ってくれました。
   The owner of the bed and breakfast ________ _____ _____ some dinner.

＊free of charge「無料で」／broken「壊れた」／bed and breakfast「B&B；朝食つきの宿泊施設」

書き換え・エクササイズ

▶ 次の各センテンスをphrasal verbを使って書き換えよう。

1. I repaired my old TV myself and it's as good as new!

   ____

2. Do you know of anybody that can restore old cameras?

   ____

3. Don't bother cooking dinner tonight, let's eat out.

   ____

4. We bought an old house in the country and are refurbishing it.

   ____

＊as good as new「新品同様の」／restore「元に戻す」／bother -ing「わざわざ…する」／refurbish「改装する」

解答

[英作文・エクササイズ] 1. fixed / up / broken　2. fix / yourself / up　3. fixed / us / up
[書き換え・エクササイズ] 1. I fixed up my old TV myself and it's as good as new!(古いテレビを自分で修理して、新品同様になっています！)　2. Do you know of anybody that can fix up old cameras?(古いカメラを修理できる人をだれか知っていますか？)　3. Don't bother fixing up dinner tonight, let's eat out.(今夜はわざわざ夕食を作らなくていいですよ。外食しましょう。)　4. We bought an old house in the country and are fixing it up.(田舎に古い家を購入して改装しているところです。)

118 Fool around

意味①／waste time doing silly or unimportant things
意味②／do something that could end unpleasantly
意味③／joke or say something one doesn't mean

foolは名詞では「愚か者；バカ者」という意味だ。fool aroundというフレーズになるといくつか別の意味が生じる。

最初は**「時間を無駄にしてバカなことや重要でないことを行う」**。例えば、仕事をしていなければならないときに、携帯ゲームをするといった場合に用いられる。

２番目は少し漠然としているが**「否定的あるいは危険な結果につながることをする」**という意味だ。危険のありそうな馴染みの薄いものに触れたり使ったりしてはいけない、と警告する場面でよく使われる。日本語の**「不注意にいじる」**に近いニュアンスだ。

３つ目は**「ふざける；冗談を言う；バカなことを言う；からかう」**。この意味のfool aroundはだれかをからかったり虐めたりする場面でよく使われる。

シャドーイング・エクササイズ　DL-118

▶ 音声を聞きながらシャドーイングしてみよう。

1. The students got into trouble for **fooling around** in class.
   その生徒はクラスでふざけて面倒を起こしました。
2. Stop **fooling around** and get to work!
   ふざけてないで仕事をしなさい！
3. He cut himself while **fooling around** with a knife.
   彼はナイフをいじっているとき自分を傷つけました。
4. You should never **fool around** with matches.
   決してマッチで遊んではいけません。
5. I don't really need to borrow any money; I was just **fooling around**.
   ほんとうはお金を借りる必要はないんですよ。ふざけていただけです。

＊get into trouble「面倒・トラブルを起こす」／borrow「借りる」

英作文・エクササイズ

▶ phrasal verbや他の語句を空所に入れ、日本語と同じ意味の英文を作ろう。

1. あなたは時間の無駄遣いを減らして、仕事の時間を増やすべきです！
   You should spend less time __________ ________ and more time working!
2. その書類をいじらないで。重要なものですから！
   Don't _______ _________ _______ those documents; they are important!
3. 彼はあんなことを言いたかったんじゃなく、ふざけていただけなんです。
   He didn't mean what he said; he was _______ __________ ________.

＊document「書類」

書き換え・エクササイズ

▶ 次の各センテンスをphrasal verbを使って書き換えよう。

1. The younger generation are just wasting time instead of working.
   ____
2. Stop playing (around) with that mirror; you might break it!
   ____
3. I wouldn't fiddle around with Tom's things if I were you.
   ____
4. She got mad even though I was just teasing her.
   ____

＊younger generation「若い世代の人々」／waste「無駄にする」／fiddle around「いじくる」／tease「からかう」

解答

［英作文・エクササイズ］1. fooling / around　2. fool / around / with　3. just / fooling / around　［書き換え・エクササイズ］1. The younger generation are just fooling around instead of working.（若い世代の人たちは仕事をする代わりに、ただ時間を無駄遣いしています。）　2. Stop fooling around with that mirror; you might break it!（その鏡をいじくるのはやめなさい。割ってしまうかもしれませんよ！）　3. I wouldn't fool around with Tom's things if I were you.（私ならトムのものをいじったりなんてしませんよ。）　4. She got mad even though I was just fooling around with her.（ふざけていただけなのですが、彼女はカンカンになりました。）

119 Break up

意味①／break into small pieces (object)
意味②／end a relationship (couple)
意味③／force apart/separate (several people arguing or fighting)

breakの意味のエッセンスは「なにかの影響や外力などによって、ある物体がもはやひとつでなくなる」ということ。

break upだと**「壊れてバラバラになる」「分裂する」「崩壊する」「(グループなどが) 解散する」**といった意味になる。

またこれは人間関係にも用いられ、その場合**「別れる；仲違いする」**といった意味になる。**「別れる」という意味で使う場合、一般的に結婚している相手ではなく、彼氏や彼女との別れを意味する。**結婚している場合にはdivorceが用いられるのがふつうだ。

またbreak upは、**「争っている人を止める」**という意味でも用いられる。

シャドーイング・エクササイズ　DL-119

▶ 音声を聞きながらシャドーイングしてみよう。

1. It's important to **break up** the ground beef so it will cook evenly.
   均等にやけるように挽肉をバラバラにするのが大切です。
2. The rocket **broke up** shortly after launch.
   ロケットは発射直後にバラバラになりました。
3. He **broke up** with his girlfriend of two years.
   彼は2年間つき合った彼女と別れました。
4. Three policemen were needed to **break up** the fight.
   ケンカをやめさせるのに、3人の警官が必要でした。
5. The demonstration **broke up** shortly after midnight.
   デモは深夜少し過ぎに解散しました。

＊ground beef「挽肉」／evenly「均等に」／demonstration「デモ」

英作文・エクササイズ

▶ phrasal verbや他の語句を空所に入れ、日本語と同じ意味の英文を作ろう。

1. 極地の氷冠は気候変動のためバラバラになりつつあります。
The ________ ice cap is __________ up due to ________ change.

2. 浮気に気づいて、ガールフレンドは彼と別れました。
When she found out about the affair, his girlfriend ________ _____ _______ him.

3. 乱暴な抗議活動を解散させるためにゴム弾が使われました。
Rubber bullets were ________ to ________ up the violent protests.

＊ice cap「氷冠」／climate change「気候変動」／affair「浮気；不倫」／bullet「弾丸」／violent「凶暴な；乱暴な」

書き換え・エクササイズ

▶ 次の各センテンスをphrasal verbを使って書き換えよう。

1. The teacher separated the class into several smaller groups.

____

2. The old man was injured trying to stop a fight at the bar.

____

3. I haven't talked to my ex-girlfriend since we ended our relationship.

____

4. After the buyout the huge corporation was dismantled and sold.

____

＊separate「分ける」／ex-girlfriend「前の彼女；別れた彼女」／buyout「買収」／dismantle「解体する；分解する」

解答

[英作文・エクササイズ] 1. polar / breaking / climate　2. broke / up / with　3. used / break　[書き換え・エクササイズ] 1. The teacher broke up the class into several smaller groups.（先生はクラスをいくつかの小さなグループに分けました。）　2. The old man was injured trying to break up a fight at the bar.（老人はバーでのケンカを止めようとしてケガをしました。）　3. I haven't talked to my ex-girlfriend since we broke up.（別れて以来、前の彼女とは話をしていません。）　4. After the buyout the huge corporation was broken up and sold.（買収されたあと、その大企業は分割されて売られました。）

120 Lock in

意味① ／ secure behind locked door/in a confined space
意味② ／ keep something at the same level or price
意味③ ／ be fiercely or aggressively engaged in something

lock inというフレーズは、**「だれか、あるいはなにかが、中に入れられていて外に出られない状態」＝「閉じ込められたり保管されたりしている状態」**をイメージしよう。自動車のキーを自動車の中に忘れてロックしたような場合に用いられる。この用法のlock inは**「閉じ込める；保管する；しまい込む」**といった意味になる。

また「鍵をかけて封じ込める」イメージから「固定する」「確保する；確定する」といった意味も生じる。実際は、**携帯電話の料金など「なにかの金額やレベルを固定する」、あるいは株式売買などに関して「（利益などを）確保する；確定する」といった意味になる。**

さらにbe locked inの形で**「なにかに激しくあるいは攻撃的に従事する」**という意味にもなる。

シャドーイング・エクササイズ　DL-120

▶ 音声を聞きながらシャドーイングしてみよう。

1. The troops were **locked in** hand-to-hand combat.
   兵士たちは激しく肉薄した戦闘を繰り広げました。

2. Our rent is **locked in** for the length of our contract.
   賃貸料は契約の期間は固定されています。

3. My cellphone fees are **locked in** for 2 years.
   私の携帯電話料金は2年間固定されています。

4. If you sign a contract now you can **lock in** a 25% discounted rate.
   いま契約すると、25%の割引率を確保できます。

5. Sear the meat first to **lock in** the juices.
   最初に肉を強火で焼いて、肉汁を閉じ込めます。

＊troops「軍隊；兵士たち」／hand-to-hand「接戦の」／contract「契約」／discount rate「割引率」／sear「強火で焼く；炙る」／juices「肉汁」

英作文・エクササイズ

▶ phrasal verbや他の語句を空所に入れ、日本語と同じ意味の英文を作ろう。

1. 恋人たちは熱烈に抱き合いました。

The lovers were _______ _____ a passionate embrace.

2. 現在のうちの住宅ローン金利は30年間固定となっています。

The current interest rate on our mortgage loan _____ _________ _____ for 30 years.

3. 美顔用クリームを使えば水分を閉じ込めるのに役立ちます。

Using facial creams help _______ _____ moisture.

＊embrace「抱擁」／interest rate「金利」／mortgage loan「住宅ローン」／moisture「水分；潤い」

書き換え・エクササイズ

▶ 次の各センテンスをphrasal verbを使って書き換えよう。

1. The divorcing parents were embroiled in a bitter custody battle.

____

2. The two teams are engaged in a duel for first place.

____

3. You should sell your stocks now to secure your recent gains.

____

4. These new plastic freezer bags really seal in the flavor!

____

＊embroil「巻き込む」／custody「養育権」／duel「一騎打ち」／stock「株」／secure「確保する」／gain「利益；儲け」／freezer bag「冷凍用の袋」／seal in「封じ込める」

解答 ［英作文・エクササイズ］1. locked / in　2. is / locked / in　3. lock / in　［書き換え・エクササイズ］1. The divorcing parents were locked in a bitter custody battle.（離婚協議中の両親は養育権の激しい争いの渦中にいました。）　2. The two teams are locked in a duel for first place.（ふたつのチームが首位を目指して激しい一騎打ちを行っています。）　3. You should sell your stocks now to lock in your recent gains.（最近の利益を確保するために、いま株を売るべきです。）　4. These new plastic freezer bags really lock in the flavor!（この新しい冷凍用の袋はほんとうによく風味を閉じ込めるんです！）

音声をダウンロードできます

❶ PC・スマートフォンで音声ダウンロード用のサイトにアクセスします。
QR コード読み取りアプリを起動し左の QR コードを読み取ってください。
QR コードが読み取れない方はブラウザから
「http://audiobook.jp/exchange/sanshusha」にアクセスしてください。

❷ 表示されたページから、audiobook.jp への会員登録ページに進みます（既にアカウントをお持ちの方はログインしてください）。 ※ audiobook.jp への会員登録（無料）が必要です。

❸ 会員登録後❶のページに再度アクセスし、シリアルコードの入力欄に「05990」を入力して「送信」をクリックします。

❹「ライブラリに追加」のボタンをクリックします。

❺ スマートフォンの場合はアプリ「audiobook.jp」をインストールしてご利用ください。
PC の場合は、「ライブラリ」から音声ファイルをダウンロードしてご利用ください。

編集協力　本多真佑子
カバー・本文デザイン　上坊菜々子
DTP　小林菜穂美

音声DL付き　書き込み式
ネイティブが頻繁に使う
120の句動詞で英語を使いこなす!

2021年3月30日　第1刷発行

著　者　長尾和夫／トーマス・マーティン
発行者　前田俊秀
発行所　株式会社 三修社
〒150-0001　東京都渋谷区神宮前 2-2-22
TEL03-3405-4511　FAX03-3405-4522
https://www.sanshusha.co.jp
編集担当　竹内正明

印刷・製本　日経印刷株式会社

ISBN 978-4-384-05990-8　C2082